# O Espelho
## A INVESTIGAÇÃO DAS NEUROSES SOCIAIS DO SÉCULO XXI

CB018337

Editora Appris Ltda.
1.ª Edição - Copyright© 2025 dos autores
Direitos de Edição Reservados à Editora Appris Ltda.

Nenhuma parte desta obra poderá ser utilizada indevidamente, sem estar de acordo com a Lei nº 9.610/98. Se incorreções forem encontradas, serão de exclusiva responsabilidade de seus organizadores. Foi realizado o Depósito Legal na Fundação Biblioteca Nacional, de acordo com as Leis nos 10.994, de 14/12/2004, e 12.192, de 14/01/2010.

Catalogação na Fonte
Elaborado por: Dayanne Leal Souza
Bibliotecária CRB 9/2162

---

P436e
2025

Pereira, João Lister
O espelho: a investigação das neuroses sociais do século XXI / João Lister Pereira. – 1. ed. – Curitiba: Appris: Artêra Editorial, 2025.
151 p.; 23 cm.

ISBN 978-65-250-7397-2

1. Psicanálise. 2. Neuroses. 3. Psicologia social. 4. Filosofia.
I. Título.

CDD – 150.195

---

**Appris** editorial

Editora e Livraria Appris Ltda.
Av. Manoel Ribas, 2265 – Mercês
Curitiba/PR – CEP: 80810-002
Tel. (41) 3156 - 4731
www.editoraappris.com.br

Printed in Brazil
Impresso no Brasil

João Lister Pereira

# O Espelho
A INVESTIGAÇÃO DAS NEUROSES
SOCIAIS DO SÉCULO XXI

Curitiba, PR
2025

**FICHA TÉCNICA**

| | |
|---|---|
| EDITORIAL | Augusto V. de A. Coelho |
| | Sara C. de Andrade Coelho |
| COMITÊ EDITORIAL | Marli Caetano |
| | Andréa Barbosa Gouveia (UFPR) |
| | Edmeire C. Pereira (UFPR) |
| | Iraneide da Silva (UFC) |
| | Jacques de Lima Ferreira (UP) |
| SUPERVISORA EDITORIAL | Renata C. Lopes |
| PRODUÇÃO EDITORIAL | Bruna Holmen |
| REVISÃO | Raquel Fuchs |
| DIAGRAMAÇÃO | Amélia Lopes |
| CAPA | Eneo Lage |
| REVISÃO DE PROVA | Daniela Nazario |

# DEDICATÓRIA & AGRADECIMENTOS

À vida, com todas suas implicações.

Foi dessa matéria profundamente humana de mulheres, homens, crianças, objetos, fatos, instituições, paisagens, viagens, bancos escolares e autodidatismo que auri o conteúdo que lanço aqui despretensiosamente, como o suco de uma vivência e de estudos.

A todos os personagens anônimos dessa trajetória e, mesmo aos mais íntimos e conhecidos, vão minha dedicatória, especialmente à Gilda, ao Paco, ao Theo, à Mariana e ao Alexandre.

# APRESENTAÇÃO

Escrever esta obra foi, antes de tudo, um mergulho no emaranhado da condição humana no século XXI. Ao longo dos anos, temos observado uma transformação radical nas estruturas sociais, nos dispositivos de controle e no próprio entendimento do que significa ser um indivíduo em meio à coletividade. O que outrora constituía a base de nossas neuroses sociais — as divisões clássicas entre desejo e repressão, autonomia e opressão — parece ter se tornado mais complexo e sutil. Surgem, em seu lugar, formas sofisticadas de vigilância e normalização que, muitas vezes, escapam ao nosso escrutínio. O que fazemos e por que fazemos são questões que agora se entrelaçam a uma densa rede de influências invisíveis, mas contundentes. Esta obra se propõe a investigar essas novas amarras, a lançar luz sobre as dinâmicas contemporâneas de poder e identidade e a explorar os caminhos que temos — ou ainda podemos criar — para ir além do espelho da normatividade social e tocar algo próximo da liberdade.

Desde Freud e Lacan, passando pelo olhar filosófico de Foucault e Camus, e alcançando os mais modernos estudos psicanalíticos e filosóficos, fui conduzido por uma ampla gama de pensadores e seus *insights*. Eles serviram tanto como guia quanto como provocação, inspirando um diálogo que extrapola as convenções acadêmicas para buscar um entendimento mais profundo e acessível das neuroses modernas. Este livro, então, é mais que um tratado teórico; é uma narrativa crítica que convida o leitor a refletir sobre si mesmo e sobre as estruturas que, muitas vezes, controlam nossas vidas de modo quase imperceptível.

Cada capítulo aborda uma faceta da realidade contemporânea. Iniciamos com uma introdução sobre a relação entre psicanálise e filosofia, contextualizando as bases históricas das neuroses sociais e como elas evoluíram ao longo do tempo. A seguir, desvendamos o poder da vigilância moderna, tão bem representada no *panoptismo* foucaultiano, e seguimos para a reflexão sobre a *biopolítica* e a normalização do indivíduo como um sujeito que deve ser continuamente produtivo. Exploramos também a alienação resultante da hiperconectividade tecnológica, na qual o próprio "eu" corre o risco de se dissolver em uma infinidade de identidades fragmentadas. E, em um momento crucial da obra, apresentamos uma parábola – "A Cidade do Espelho" – que, de forma alegórica, resume e intensifica as reflexões anteriores. O livro se encerra com uma busca por respostas, propondo alternativas para uma vida com mais autonomia e autoconhecimento.

Para além de uma análise, meu desejo é que esta obra seja uma experiência reflexiva, uma jornada que convide cada leitor a questionar, desconstruir e reconstruir. Que "A

Cidade do Espelho" sirva como um símbolo das barreiras que enfrentamos, mas também como um chamado à superação. Não se trata apenas de reconhecer o peso das estruturas que nos governam, mas de perceber que, uma vez conscientes, ganhamos o poder de transcendê-las. Cada um de nós é convocado a encontrar novas formas de ser, em oposição ao que nos é imposto, e talvez assim, redefinirmos o que significa a liberdade.

    A todos que se aventurarem por estas páginas, convido-os a essa exploração compartilhada, a um diálogo contínuo e à descoberta do que ainda pode haver de subversão e resistência dentro de nós.

*O autor*

# SUMÁRIO

CAPÍTULO 1
INTRODUÇÃO: PSICANÁLISE, FILOSOFIA
E NEUROSES MODERNAS .................................. 13

CAPÍTULO 2
O SUJEITO SOB VIGILÂNCIA: PANOPTISMO
E CONTROLE PSÍQUICO ................................... 55

CAPÍTULO 3
A NEUROSE DA NORMALIZAÇÃO: BIOPOLÍTICA
E A IMPOSIÇÃO DA PRODUTIVIDADE ..................... 67

CAPÍTULO 4
A ALIENAÇÃO HIPERCONECTADA: TECNOLOGIA E PERDA
DE SI – O NARCISISMO E A HIPERCONECTIVIDADE ....... 77

CAPÍTULO 5
PARÁBOLA: "A CIDADE DO ESPELHO" ..................... 89

CAPÍTULO 6
RESISTÊNCIA E SUBVERSÃO: A BUSCA PELA AUTONOMIA ... 99

CAPÍTULO 7
CONCLUSÃO: PARA ALÉM DO ESPELHO, A LIBERDADE .. 111

CAPÍTULO 1

# INTRODUÇÃO: PSICANÁLISE, FILOSOFIA E NEUROSES MODERNAS

A investigação das neuroses sociais no século XXI exige uma análise que interligue conceitos psicanalíticos históricos, como os elaborados por Freud e Lacan, com as contribuições da filosofia existencialista de Camus e, crucialmente, com a crítica foucaultiana das estruturas de poder e saber. Michel Foucault, ao explorar como o poder opera de maneira difusa e disciplinar na sociedade moderna, amplia essa análise ao revelar como as novas formas de vigilância e controle moldam subjetividades e patologias. Essa abordagem interdisciplinar, que integra a psicanálise contemporânea e a filosofia social, permite compreender as transformações das patologias psíquicas e sociais em uma era marcada pelo avanço tecnológico, pela hiperconectividade e pela alienação gerada pelas técnicas de biopoder e normalização, conceitos centrais na obra foucaultiana.

    Essa investigação nos leva a um ponto de confluência entre psicanálise, filosofia e teoria crítica. Vivemos em uma era que se caracteriza por uma profunda transformação nos modos de subjetivação, ou seja, na maneira como os sujeitos são moldados pelas forças sociais, políticas e culturais ao seu redor. A psicanálise, desde Freud, ocupou-se em compreender como essas influências externas interagem com a psique individual, produzindo neuroses, sintomas e conflitos internos. No entanto, no século XXI, esses processos tornaram-se mais complexos, imersos em uma sociedade hiperconectada, regulada pelo biopoder, marcada pela vigilância constante e pela alienação das novas tecnologias.

    Para compreendermos as neuroses modernas, é necessário um estudo interdisciplinar, que considere tanto a teoria psicanalítica desenvolvida por Freud e Lacan quanto as reflexões filosóficas de pensadores como Michel Foucault e Albert Camus. A psicanálise oferece as ferramentas para entender os processos inconscientes que estruturam os indivíduos, enquanto a filosofia crítica nos permite observar como as instituições de poder moldam essas subjetividades. Juntas, essas abordagens formam uma lente poderosa para analisar as novas formas de sofrimento psíquico que emergem em nossa era.

Este capítulo de introdução traçará o panorama necessário para nos adentrarmos na investigação dessas neuroses sociais contemporâneas. Em primeiro lugar, exploraremos os conceitos psicanalíticos fundamentais de Freud e Lacan, e como eles permanecem relevantes para a compreensão das patologias modernas. Em seguida, examinaremos as contribuições de Michel Foucault e sua análise do poder disciplinar, do biopoder e da normalização, que desempenham um papel central na formação das neuroses sociais. Por fim, abordaremos as implicações filosóficas da obra de Camus, especialmente no que tange à alienação e à busca de sentido, que continuam a ressoar em nossa época marcada pela incerteza e pelo esvaziamento de significados profundos.

## 1.1. A psicanálise: Freud e Lacan na era moderna - a noção freudiana de neuroses e o mal-estar na civilização

Freud, em sua obra seminal *O Mal-Estar na Civilização* (1930), argumenta que as neuroses individuais não podem ser dissociadas do contexto social em que o sujeito está inserido. Para Freud, a civilização impõe repressões às pulsões individuais, especialmente as sexuais e agressivas, gerando um conflito entre o princípio de prazer (que visa a satisfação pulsional) e o princípio de realidade (as exigências do convívio social). Esse embate é o cerne da neurose: a imposição de normas, proibições e limitações causa, no sujeito, angústia e uma constante insatisfação.

No século XXI, o que vemos é uma exacerbação desse mal-estar, ampliado pelo imperativo do sucesso e da performance pela cultura do consumo e pela ininterrupta vigilância digital. As forças repressoras, que para Freud se manifestavam por meio da moralidade e da religião, encontram novas formas de controle e imposição na sociedade de mercado e nas exigências da autoapresentação virtual.

Sigmund Freud, o pai da psicanálise, foi o primeiro a estruturar uma teoria sistemática do inconsciente e das neuroses. Em seu trabalho pioneiro, Freud introduziu a ideia de que os conflitos inconscientes — muitas vezes derivados de traumas reprimidos ou de desejos não realizados — são a raiz das neuroses. As teorias freudianas sobre o *id*, o *ego* e o *superego* delinearam o funcionamento da mente, em que o *id* representa os impulsos primitivos e inconscientes, o *ego* é a instância racional que negocia com a realidade externa e o *superego* é o conjunto de normas e valores internalizados, que regula os desejos do *id* e impõe restrições ao ego.

Freud também propõe que a civilização, com suas exigências de repressão dos instintos, era uma fonte inevitável de angústia e neuroses. Em sua obra *O Mal-Estar na Civilização*, ele argumentou que a vida moderna exigia a repressão dos impulsos instintivos em prol da coesão social, mas que essa repressão gerava sofrimento psíquico. No século XXI, vemos uma exacerbação dessas tensões, em grande parte devido ao aumento das pressões sociais e culturais em um mundo hiperconectado e regulado por normas cada vez mais intrusivas.

A obra *O Mal-Estar na Civilização*, de Sigmund Freud, oferece uma análise profunda sobre o conflito entre os desejos individuais e as exigências sociais. Para Freud, a civilização, ao impor regras e normas que regulam os instintos humanos, gera inevitavelmente um mal-estar psíquico. A repressão dos impulsos sexuais e agressivos, fundamentais para a sobrevivência e o prazer, é o preço que a humanidade paga para viver em sociedade. A consequência desse controle é o surgimento de angústias, neuroses e, em última instância, infelicidade, pois o ser humano nunca poderá expressar livremente seus desejos mais profundos.

Freud vê a repressão como um mecanismo necessário para o progresso social e cultural. Sem ela, a coesão social seria impossível. Entretanto, ele aponta que esse processo de renúncia e controle, embora essencial, não poderia ser visto como natural ou saudável em termos psíquicos. A civilização, ao reprimir os instintos, cria frustração, e essa frustração torna-se terreno fértil para diversas formas de sofrimento mental.

No século XXI, essas ideias se tornaram ainda mais relevantes. O aumento das demandas sociais e a pressão para seguir normas culturais, impulsionadas por uma economia globalizada e hiperconectada, agravam esse mal-estar. A tecnologia e as redes sociais, por exemplo, intensificam a vigilância sobre o indivíduo, reforçando padrões de comportamento que muitas vezes entram em choque com os desejos internos. As expectativas de sucesso, felicidade e perfeição, amplamente propagadas por esses meios, ampliam a sensação de inadequação e fracasso pessoal, acentuando os sintomas neuróticos descritos por Freud.

Esse cenário atual também reforça o papel do superego que, segundo Freud, age como um censor moral dentro da psique. A partir do superego, a sociedade internalizada cobra conformidade e pune transgressões, gerando culpa e ansiedade. No contexto moderno, o superego se fortalece por meio das representações midiáticas, que criam padrões ideais a serem seguidos. A frustração resultante da incapacidade de atingir essas expectativas gera angústias ainda mais complexas e profundas.

Além disso, o aumento das desigualdades sociais e a competitividade exacerbada pela globalização potencializam o conflito entre os desejos individuais de satisfação e a realidade social que exige a repressão desses impulsos. Freud poderia observar, no século XXI, um aumento não só das neuroses tradicionais, mas também de novas formas de sofrimento psíquico, como a ansiedade crônica e o esgotamento emocional, fenômenos amplamente discutidos nos dias atuais.

Freud, portanto, nos oferece uma lente crítica para entender o sofrimento psíquico na modernidade. Ao reconhecer que a civilização traz consigo inevitáveis tensões e frustrações, ele nos leva a refletir sobre as estratégias possíveis para lidar com esse mal-estar. Se a repressão dos instintos é uma condição necessária para a vida em sociedade, o que resta ao indivíduo é buscar formas de sublimação, nas quais os impulsos reprimidos possam ser canalizados para atividades criativas e construtivas. Entretanto, mesmo essa sublimação carrega suas limitações, pois nunca será uma solução completa para os conflitos internos gerados pela repressão dos desejos mais profundos.

O desafio contemporâneo, portanto, reside em como equilibrar as demandas sociais com a necessidade de realização pessoal, um dilema que, desde Freud, permanece central na compreensão das tensões psíquicas da vida moderna.

## 1.2. Lacan: o sujeito e o discurso do capitalismo

Jacques Lacan, ao expandir as ideias freudianas, situa a neurose no campo simbólico do sujeito, afirmando que o inconsciente é estruturado como uma linguagem. Lacan fala do sujeito dividido entre o desejo (que nunca pode ser plenamente satisfeito) e o *Outro* (a instância simbólica que impõe as normas e as proibições). Sua crítica ao capitalismo contemporâneo, porém, é especialmente relevante para o século XXI. Lacan observa que o discurso capitalista desarticula a dialética do desejo e da falta, promovendo a ilusão de que o consumo incessante poderia preencher o vazio constitutivo do ser humano.

Essa crítica é resgatada por psicanalistas contemporâneos como Slavoj Žižek, que observa como a ideologia do capitalismo tardio fomenta uma busca compulsiva pela satisfação imediata, ao mesmo tempo que multiplica as formas de controle e de sujeição. Žižek identifica a figura do consumidor como o novo neurótico: sujeito de uma "liberdade" aparente, mas profundamente alienado pelas mercadorias e pelos imperativos de produção e consumo.

No contexto da crítica psicanalítica ao capitalismo, Slavoj Žižek aprofunda e expande as ideias de Lacan em sua obra *O Sublime Objeto da Ideologia*, publicada pela Zahar em 1992. Nesse livro, Žižek explora como as ideologias contemporâneas funcionam para ocultar os mecanismos de dominação que sustentam o capitalismo tardio. Inspirado pelo conceito lacaniano de que o inconsciente é estruturado como uma linguagem e pelo sujeito dividido entre o desejo e o Outro, Žižek observa que o capitalismo não apenas promove a satisfação incessante dos desejos, mas também cria a ilusão de que o consumo pode preencher o vazio ontológico fundamental.

Para Žižek, a ideologia capitalista se baseia na promessa de uma satisfação completa, que se materializa no consumo compulsivo de mercadorias. O sujeito moderno, nessa perspectiva, é constantemente interpelado pelo mercado a buscar novos produtos, novas experiências e novos prazeres. No entanto, essa busca é marcada pela frustração contínua, já que o desejo, conforme Lacan postulou, é sempre insatisfeito e nunca pode ser plenamente realizado. A lógica capitalista, ao tentar neutralizar essa falta constitutiva do ser humano, acaba por exacerbar a alienação, criando um ciclo interminável de insatisfação.

Em *O Sublime Objeto da Ideologia*, publicado pela Editora Zahar em 1992, Žižek explora o conceito de "gozo" (jouissance) lacaniano, que representa o prazer excessivo, além dos limites da satisfação comum. Ele argumenta que o capitalismo se alimenta da promessa desse gozo, ao mesmo tempo que reforça o controle social, ampliando os mecanismos de sujeição. A figura do consumidor emerge como a encarnação do novo neurótico, alguém que, aparentemente livre para escolher entre um vasto leque de mercadorias, está na verdade preso à lógica de consumo e produção, profundamente alienado às suas necessidades e aos desejos reais.

Žižek também critica a forma como o capitalismo contemporâneo, ao contrário das formações sociais anteriores, não precisa reprimir os desejos. Ao invés disso, ele os explora e multiplica, promovendo uma espécie de permissividade que, paradoxalmente, intensifica as formas de controle e exploração. O sujeito é incitado a consumir e a buscar satisfação de maneira compulsiva, mas a estrutura de poder permanece intacta, pois essa "liberdade" de consumir é uma liberdade ilusória. O resultado é um sujeito que, ao buscar a realização de seus desejos por meio do consumo, acaba ainda mais submetido à lógica do mercado.

Assim, Žižek, em consonância com Lacan, desvela as estratégias ideológicas que mantêm o sujeito moderno preso ao ciclo de produção e consumo, ressaltando como o capitalismo desvirtua a dialética do desejo, promovendo a ilusão de completude e satisfação onde, de fato, existe apenas a falta e o vazio estrutural do ser humano.

Jacques Lacan, seguindo os passos de Freud, desenvolveu, portanto, uma nova leitura da psicanálise, centrada no conceito de *simbólico*, *imaginário* e *real*. Ele também trouxe uma perspectiva inovadora sobre a formação do sujeito, que é sempre mediada pela linguagem e pela inserção em um sistema de significados sociais. Para Lacan, o inconsciente é estruturado como uma linguagem e os conflitos psíquicos derivam do fato de que o sujeito está sempre inserido em uma rede simbólica que o precede e o ultrapassa.

Um conceito fundamental da teoria lacaniana é o de "falta" (*manque*), que descreve o vazio central na estrutura do desejo humano. O sujeito é constituído por essa falta, que nunca pode ser plenamente preenchida, levando a uma busca incessante por algo que está sempre fora de alcance. No contexto das neuroses modernas, podemos ver esse conceito refletido na incessante procura por validação nas redes sociais, no consumismo desenfreado e nas tentativas de alcançar padrões inatingíveis de sucesso e realização pessoal.

O conceito de "falta" (*manque*) é central na teoria de Jacques Lacan e permeia toda a sua obra, sendo essencial para compreender a estrutura do desejo humano. Lacan defende que o sujeito é estruturado a partir de uma falta primordial, que emerge com a entrada no campo da linguagem e do simbólico. Essa falta nunca pode ser plenamente satisfeita, e o sujeito está sempre em busca de um objeto que possa preenchê-la, um "objeto a" (*objet petit a*), que é uma representação simbólica do que se deseja, mas que nunca será alcançado de forma completa. O desejo, portanto, é sempre marcado pela incompletude e pela insatisfação.

Esse conceito é amplamente desenvolvido em sua obra *O Seminário, Livro 11: Os Quatro Conceitos Fundamentais da Psicanálise*, publicado no Brasil pela Jorge Zahar Editora em

1985. Nesse livro, Lacan aprofunda sua análise da falta como constitutiva do sujeito e explica como o desejo se organiza em torno dessa falta, sendo o desejo do Outro aquilo que impulsiona o sujeito. Ele coloca que a entrada no simbólico, marcada pelo reconhecimento da Lei e da linguagem, instaura a falta no sujeito, uma vez que o mundo das palavras substitui o real, criando uma barreira intransponível entre o que se deseja e o que é possível de ser obtido.

Outro texto importante no qual Lacan aborda esse conceito é *O Seminário, Livro 7: A Ética da Psicanálise*, publicado no Brasil pela Jorge Zahar Editora em 1988. Aqui, Lacan articula a falta com a questão ética, destacando que o desejo humano é impulsionado por essa falta constitutiva, e a tentativa de eliminar essa falta, seja por meio de normas morais ou por meio do consumo, pode levar a consequências destrutivas. O desejo de "completar" a falta, ou de encontrar um estado de satisfação plena, é visto como ilusório, já que o próprio sujeito é fundado sobre a carência e o vazio.

Na sociedade contemporânea, marcada pelo consumismo, as redes sociais e os padrões idealizados de sucesso e felicidade, o conceito de "falta" é evidente. As plataformas digitais e a lógica capitalista fomentam o desejo de preenchimento por meio da validação constante, seja por meio de *likes* nas redes sociais, bens materiais ou experiências de vida supostamente gratificantes. No entanto, esses elementos apenas reforçam a falta, ao criar a ilusão de que a satisfação pode ser alcançada, quando, na verdade, essa busca é interminável.

Ao destacar a "falta" como inerente à condição humana, Lacan nos oferece uma compreensão profunda do mal-estar moderno, em que a busca por completude e realização pessoal, propagada pelas normas sociais e culturais, só intensifica o sofrimento psíquico.

No século XXI, tanto Freud quanto Lacan continuam a fornecer ferramentas para compreender as ansiedades e os sofrimentos da vida moderna. As pressões para o sucesso individual, o imperativo do desempenho constante e a alienação provocada pelas novas tecnologias exacerbam os conflitos entre o desejo inconsciente e as exigências da realidade social. O *superego*, agora, assume formas mais intrusivas e intensas, na medida em que as normas culturais são reforçadas por novos modos de vigilância e controle, como veremos com Foucault.

## 1.3. Foucault e o poder disciplinar: a sociedade de controle – o pensamento de Foucault e as neuroses sociais contemporâneas – psicanálise, filosofia e neuroses modernas

Michel Foucault, em suas obras *Vigiar e Punir* (1975) e *História da Sexualidade* (1976) – Editora Vozes –, oferece uma análise crítica do poder moderno, que ele concebe não mais apenas como um poder repressivo, como formularam Freud e Lacan, mas como um poder "disciplinar" e "biopolítico", que atua de forma produtiva e difusa sobre corpos e mentes. Para Foucault, o poder moderno organiza a sociedade por meio da disciplina — uma técnica de controle que molda corpos, comportamentos e subjetividades, não apenas por meio da coerção direta, mas por uma rede de saberes e práticas sociais.

O conceito de "poder disciplinar" de Foucault refere-se à vigilância constante e à normalização das condutas, mecanismos que são implementados por instituições como escolas, hospitais, prisões, fábricas e até pela própria organização do espaço urbano. A metáfora central que ele utiliza é a do *Panóptico*, um modelo arquitetônico de prisão projetado por Jeremy Bentham, no qual os presos são constantemente observados, sem saberem se realmente estão sendo vigiados. Foucault utiliza essa metáfora para ilustrar como, na sociedade moderna, o poder opera por meio da vigilância, mas de maneira muito mais sutil e invisível.

No século XXI, o *panoptismo* se manifesta com mais intensidade por meio das tecnologias digitais, das redes sociais e da coleta de dados, o que transforma o indivíduo em um "sujeito de vigilância" perpétuo. Vivemos na era do "capitalismo de vigilância", como descrito por Shoshana Zuboff, onde as nossas atividades cotidianas são monitoradas e transformadas em dados. A percepção de estar constantemente sendo observado gera uma conformidade voluntária, um controle internalizado que, para Foucault, é o cerne da neurose social contemporânea. Assim, a neurose moderna não é apenas uma neurose da repressão freudiana, mas uma neurose de *normalização*, em que os indivíduos se disciplinam e se autocensuram.

A obra de Shoshana Zuboff que descreve o "capitalismo de vigilância" é *A Era do Capitalismo de Vigilância: A Luta por um Futuro Humano na Nova Fronteira do Poder*, publicada no Brasil pela Editora Intrínseca em 2021. Nesse livro, Zuboff explora como as tecnologias digitais transformaram nossas atividades cotidianas em mercadorias, com o objetivo de prever e influenciar o comportamento humano. Ela argumenta que as empresas tecnológicas capturam dados pessoais em larga escala, criando formas de controle e poder, nas quais o indivíduo é constantemente vigiado e monitorado.

A noção de "capitalismo de vigilância" de Zuboff dialoga com a ideia foucaultiana de poder disciplinar, em que o controle não é apenas imposto externamente, mas internalizado pelos próprios sujeitos, gerando uma conformidade voluntária. Sob essa vigilância constante, os indivíduos moldam seus comportamentos de acordo com as normas observadas, criando uma neurose moderna baseada na necessidade de se enquadrar nos padrões estabelecidos pelas plataformas digitais e pelo mercado.

Esse tipo de vigilância amplifica o controle social e reforça uma nova forma de sujeição, que vai além da repressão freudiana, pois a neurose moderna passa a ser marcada pela autovigilância e pela normalização de comportamentos impostos por algoritmos e corporações.

### 1.3.1 Biopolítica e controle da vida

Outro conceito fundamental em Foucault é o de *biopolítica*, que descreve como o poder moderno se expande para o controle da vida biológica. A partir do século XVIII, segundo Foucault, o poder político se volta para a administração da vida, regulando não apenas as condutas dos indivíduos, mas a vida em si – a saúde, a reprodução, a sexualidade e a mortalidade das populações. Esse poder biopolítico se materializa, por exemplo, nas políticas de saúde pública, nas práticas médicas e nos discursos sobre saúde mental e bem-estar.

No século XXI, a *biopolítica* se amplifica nas políticas de controle de corpos e populações, refletindo-se na crescente medicalização da vida cotidiana. Foucault argumenta que a sociedade contemporânea está saturada por dispositivos de controle – o que ele denomina de *dispositifs* – que regulam desde o comportamento até a identidade. A patologização de comportamentos considerados desviantes, como a explosão de diagnósticos de transtornos como ansiedade, depressão e *burnout*, exemplifica esse controle biopolítico, que visa normalizar os sujeitos.

A *biopolítica* moderna, portanto, gera uma forma específica de neurose social: a neurose da produtividade e do desempenho. Byung-Chul Han, filósofo contemporâneo que dialoga com Foucault, analisa essa questão em sua obra *A Sociedade do Cansaço*, publicada no Brasil pela Editora Vozes em 2015, apontando que o sujeito contemporâneo é pressionado a ser continuamente produtivo e a maximizar seu desempenho, o que resulta em um estado de exaustão e esgotamento. Esse fenômeno está intimamente relacionado ao conceito foucaultiano de *biopoder*, em que as exigências de eficiência e normatividade se tornam ferramentas de controle sobre a vida.

Em seu livro, Han analisa a sociedade contemporânea à luz da pressão pela produtividade e pelo desempenho contínuo, propondo que o sujeito moderno está inserido em um regime de autoexploração. Ao contrário das sociedades disciplinares descritas por Foucault, em que o controle é exercido por meio de coerções externas, a sociedade do desempenho faz com que os indivíduos internalizem essas exigências, transformando-se em seus próprios opressores.

Han argumenta que essa forma de *biopolítica* moderna cria um estado de exaustão e esgotamento psíquico, pois o sujeito está sempre buscando maximizar seu potencial, trabalhando mais e mais para alcançar metas inatingíveis de eficiência. A neurose contemporânea, portanto, está intimamente ligada ao imperativo de ser produtivo a todo custo, o que resulta em uma sociedade marcada pelo cansaço e pela incapacidade de desacelerar.

O conceito foucaultiano de biopoder, que envolve a regulação e o controle da vida, é ampliado por Han, ao demonstrar que as normas de desempenho e produtividade são hoje formas sofisticadas de sujeição, em que o controle não é apenas externo, mas interiorizado pelos próprios sujeitos, que se sentem compelidos a atender às expectativas de sucesso, competitividade e eficiência.

### 1.3.2 Saber, poder e controle psíquico

Foucault destaca que o poder moderno não pode ser dissociado do *saber*. O que ele chama de *saber-poder* é uma forma de controle que opera por meio da produção e regulação de conhecimentos sobre os corpos e as mentes. A psiquiatria, a psicologia e outras disciplinas do campo das ciências humanas participam desse processo ao definir categorias de "normalidade" e "anormalidade" e ao legitimarem intervenções sobre os indivíduos. Para Foucault, o conhecimento, longe de ser neutro, é uma prática de poder.

No contexto atual, o *saber-poder* manifesta-se nas práticas de *governamentalidade*, um conceito que Foucault utiliza para descrever a maneira como o poder é exercido sobre a população, não por meio da repressão explícita, mas pela gestão de comportamentos e da vida cotidiana. As políticas públicas de saúde mental, por exemplo, são formas de *governamentalidade*, na medida em que organizam e regulam as emoções e comportamentos dos indivíduos. Ao definir o que é saudável ou patológico, essas práticas moldam subjetividades e criam novas formas de neurose social, em que o controle psíquico é naturalizado.

Assim, para Foucault, a neurose social contemporânea não é mais uma neurose freudiana do recalcamento de desejos reprimidos, mas uma neurose da *normalização* e do *controle disciplinar*, em que o sujeito internaliza as normas de comportamento, autocensura-se e conforma-se a expectativas impostas por uma estrutura de poder invisível, mas constante.

Nesse ponto, é importante observar as anotações do antropólogo, Alexandre Branco Pereira, em sua obra *Mas É Só Você Que Vê?* (2014), na qual o autor explora as complexas relações entre a sociedade e a saúde mental, abordando como a percepção da "normalidade" é construída e imposta culturalmente. O autor investiga a maneira pela qual comportamentos considerados desviantes são rotulados como patológicos e submetidos a processos de controle e "cura", muitas vezes sem levar em consideração as particularidades individuais e sociais dos sujeitos. Ele problematiza a ideia de ressocialização, comparando-a ao tratamento da doença mental, em que se busca ajustar o indivíduo às normas preestabelecidas, sem necessariamente promover uma verdadeira transformação de suas condições subjetivas ou sociais. Assim, a obra revela a tensão entre a subjetividade do indivíduo e as imposições sociais, especialmente no que se refere às noções de normalidade e desvio.

Ao discutir essas questões, Alexandre Branco Pereira contribui para um debate mais amplo sobre as práticas de vigilância e controle social, criando pontes entre a antropologia, a psicologia e a psicanálise.

Na obra, Pereira afirma que a ressocialização pode ser vista como equivalente à cura de uma doença mental – sugere uma perspectiva crítica sobre as práticas de normatização e controle social que, ao longo do tempo, passaram a associar comportamentos desviantes com patologias a serem tratadas. A ressocialização, nesse sentido, é encarada como um processo que visa readequar o indivíduo às normas sociais previamente estabelecidas, similar à cura de uma doença mental, em que o comportamento fora da norma é tratado como algo que necessita de correção ou cura.

Para compreender profundamente essa visão, é fundamental relacioná-la com a obra de Michel Foucault, *Vigiar e Punir*, especialmente no que se refere à vigilância e à normalização, temas centrais em sua análise do poder disciplinar. Foucault argumenta que as instituições modernas, como as prisões, as escolas, os hospitais e os hospícios, operam sob uma lógica de vigilância indireta, moldando e regulando o comportamento social de forma a garantir que o indivíduo se conforme com as normas sociais dominantes. Nesse sentido, a ressocialização de um indivíduo que transgrediu as normas pode ser vista como uma forma de moldagem comportamental, na qual a sociedade, por meio de suas instituições, "cura" o desvio ao enquadrar o comportamento do sujeito dentro dos parâmetros considerados normais.

Foucault explora a noção de que a sociedade moderna não exerce poder sobre os indivíduos apenas por meio da repressão direta, mas também por meio de uma vigilância sutil e constante, que produz corpos dóceis e comportamentos padronizados. Mediante práticas de vigilância – tanto explícitas quanto implícitas – a sociedade identifica os indivíduos que não se encaixam nos padrões normativos e, a partir daí, coloca em ação dispositivos de correção que vão desde a internação em hospitais psiquiátricos até a programas de ressocialização em prisões. Esses processos têm como objetivo "normalizar" o comportamento do sujeito, curando-o, por assim dizer, do seu "desvio" social, assim como a medicina busca curar uma doença.

A analogia de Alexandre Pereira entre a ressocialização e a cura da doença mental encontra um ponto de contato com as críticas de Foucault às instituições de saúde mental, particularmente os hospícios, que operam sob uma lógica de exclusão e correção. Para Foucault, o surgimento da psiquiatria e o confinamento dos loucos estão diretamente ligados à necessidade de controlar o que era visto como comportamento desviante, transformando-o em uma patologia que precisava ser curada ou eliminada da vida pública. O hospital psiquiátrico, nesse sentido, funcionaria como um dispositivo de correção e normalização, assim como o sistema prisional.

A ressocialização, por sua vez, carrega a mesma lógica. Os programas de ressocialização – sejam em prisões, clínicas de reabilitação ou instituições educativas – muitas vezes são baseados na ideia de que o indivíduo precisa ser "curado" de seu desvio social, seja esse desvio o crime, a marginalização ou o vício. Esses programas não apenas procuram devolver o indivíduo à sociedade, mas também garantir que ele se comporte de acordo com os padrões estabelecidos pela norma social. Nesse sentido, a ressocialização pode ser vista como uma forma de moldagem comportamental, que busca reintegrar o sujeito à sociedade sob uma forma socialmente aceitável, anulando sua individualidade e sua capacidade de questionar as normas.

O conceito de normalização em Foucault ajuda a esclarecer como a ressocialização se aproxima da "cura" descrita pelo antropólogo. A normalização, para Foucault, refere-se ao processo pelo qual certos comportamentos, atitudes e formas de ser são estabelecidos como normais, enquanto tudo o que foge a essa norma é tratado como anormal ou patológico. A ressocialização, nesse sentido, é o mecanismo por meio do qual o sujeito anormal é trazido de volta à norma. No caso de um detento ou de uma pessoa marginalizada, essa normalização é realizada por meio de um conjunto de práticas e intervenções que visam "reeducar" o indivíduo para que ele possa viver de acordo com as regras da sociedade.

O papel da vigilância indireta nesse processo é crucial. Foucault descreve um sistema de controle em que o indivíduo sabe que está sendo observado, mesmo quando não há uma presença direta de um observador. Esse controle sutil atua como um mecanismo disciplinar, levando o sujeito a internalizar as normas e a regular seu próprio comportamento. No contexto da ressocialização, essa vigilância pode ocorrer por intermédio de programas de monitoramento, consultas periódicas ou mesmo a integração do indivíduo a um sistema social no qual ele sabe que será vigiado e julgado.

Assim, a cura da doença mental, como descrita por Pereira, pode ser entendida à luz da tese foucaultiana de que o poder se manifesta mediante uma rede de dispositivos de vigilância e normalização. A ressocialização torna-se, então, um processo que não visa apenas corrigir o comportamento do indivíduo, mas também assegurar que ele se submeta à vigilância constante e à pressão da conformidade social.

A anotação de Alexandre Branco Pereira sobre a ressocialização como equivalente à cura de uma doença mental nos convida a refletir sobre a função das instituições sociais na formação e na conformação dos sujeitos. Fundamentada nas teorias de Foucault sobre vigilância e normalização, essa analogia expõe o caráter disciplinar e controlador dos processos de ressocialização, que não apenas reintegram o indivíduo à sociedade, mas também garantem que ele o faça dentro dos limites impostos pelas normas sociais dominantes. A cura, aqui, não é apenas uma questão de saúde mental, mas também um projeto político de conformação e controle dos corpos e das mentes, dentro de uma sociedade que vigia e molda os seus sujeitos por meio de dispositivos cada vez mais sutis e sofisticados.

A análise da ressocialização como equivalente à cura de uma doença mental, como anotado por Alexandre Branco Pereira, em sua obra *Mas É Só Você Que Vê?*, ao ser complementada pelas teorias de Sigmund Freud e Jacques Lacan, adquire uma profundidade ainda maior no entendimento das dinâmicas inconscientes envolvidas nesse processo. A introdução das visões freudiana e lacaniana sobre a estrutura do sujeito, seus conflitos internos e sua relação com a normatividade social permite uma exploração mais ampla das tensões entre o desejo individual e as exigências da sociedade.

Na obra de Freud, a ressocialização pode ser compreendida no contexto do conflito fundamental entre os impulsos inconscientes (id) e as restrições impostas pela realidade social (superego). Para Freud, a civilização impõe uma série de renúncias aos desejos e pulsões humanas – particularmente os instintos sexuais e agressivos – para garantir a coesão social. Esse processo, descrito em *O Mal-Estar na Civilização*, gera inevitavelmente tensões e neuroses, à medida que o indivíduo é forçado a reprimir seus desejos mais profundos em nome da convivência coletiva. Nesse sentido, a ressocialização pode ser vista como um mecanismo social de controle desses impulsos inconscientes que se manifestam de formas socialmente inaceitáveis, como o crime ou o comportamento desviante.

A ideia de que a ressocialização é equivalente à cura de uma doença mental, na perspectiva freudiana, pode ser interpretada como o esforço de reimpor o controle do superego sobre o id, restaurando a ordem psíquica dentro do indivíduo. Freud reconhecia que a repressão das pulsões sexuais e agressivas era a base da neurose, e o processo de ressocialização funciona como uma espécie de correção externa da falha interna no equilíbrio psíquico. No entanto, isso pode ser uma "cura" apenas superficial, pois a ressocialização tende a tratar os sintomas (o comportamento desviado) sem abordar as causas inconscientes mais profundas, que continuam a operar sob a superfície da psique.

Freud também explora a ideia de que o sofrimento psíquico, assim como o comportamento desviante, é uma expressão de conflitos não resolvidos no inconsciente. O objetivo da psicanálise seria justamente trazer esses conflitos à consciência e permitir que o indivíduo os elabore de forma mais consciente. A ressocialização, diferentemente da psicanálise, age de forma coercitiva ao impor uma normatividade externa, sem necessariamente lidar com as questões inconscientes subjacentes.

Enquanto Freud oferece uma análise mais voltada para o conflito entre o indivíduo e a sociedade, Lacan acrescenta uma camada de complexidade ao introduzir a estrutura do sujeito no campo do simbólico. Para Lacan, o sujeito não é apenas moldado pelas pressões externas, mas é constituído pela linguagem e pela entrada no registro simbólico. O processo de ressocialização pode, então, ser visto como uma tentativa de reintroduzir o sujeito no campo da norma, que é sempre simbólica e estruturada pela linguagem.

Lacan também enfatiza que o desejo nunca pode ser totalmente satisfeito, pois o sujeito é definido por uma falta fundamental (*manque*). Essa falta, que surge na entrada no simbólico, é o que move o sujeito na busca constante por reconhecimento e completude. O comportamento desviante, nesse sentido, pode ser entendido como uma manifestação do desejo que não encontrou sua mediação adequada no simbólico e se expressa de maneira disruptiva.

A ressocialização, no contexto lacaniano, tenta forçar o sujeito de volta à conformidade com o simbólico social, impondo uma estrutura de significação que muitas vezes nega o lugar do desejo. Como Lacan coloca, o processo de socialização implica uma perda – uma alienação fundamental – que nunca pode ser completamente resolvida. O sujeito é sempre dividido entre o desejo inconsciente e a demanda do Outro (a sociedade). Assim, a ressocialização, ao tentar curar o desvio, ignora essa divisão essencial e procura encaixar o sujeito em um molde preexistente, o que pode gerar novos sintomas, ao invés de resolver o conflito psíquico.

Lacan também traz a ideia de que o sujeito é sempre alienado no Outro, ou seja, ele está sempre sujeito às normas e significantes que o precedem e o constituem. A ressocialização, nesse sentido, pode ser vista como uma intensificação dessa alienação, em que o sujeito é forçado a se ajustar a um conjunto de significantes sociais que nem sempre correspondem aos seus desejos mais profundos.

Com base nessas perspectivas psicanalíticas, a ressocialização pode ser vista como um mecanismo de controle social que opera tanto no nível consciente quanto inconsciente. Freud nos alerta para o fato de que a repressão das pulsões pode gerar novos sintomas, enquanto Lacan nos lembra de que o sujeito nunca pode ser totalmente integrado ao simbólico sem sacrificar algo essencial de seu desejo. Ambos os pensadores apontam para os limites da ressocialização como um processo que visa a normalização e conformidade, mas que, muitas vezes, negligencia as complexidades do inconsciente e do desejo.

Aqui, a crítica de Foucault à normalização também se torna relevante. Foucault identificou que as instituições modernas, em vez de tratar diretamente o desvio, buscam moldar o comportamento de maneira a garantir a conformidade social, o que ele chama de "moldagem do comportamento". A psiquiatria, o sistema prisional e outros mecanismos de controle social são formas de disciplinar o corpo e a mente, tornando-os adequados às exigências da sociedade moderna. Ao focar na vigilância indireta e na normalização, o processo de ressocialização se assemelha a essa forma de moldagem, em que o comportamento é vigiado, corrigido e reintroduzido nos moldes da norma social.

Assim, a ressocialização como cura da doença mental pode ser vista, à luz das teorias de Freud, Lacan e Foucault, como um processo que trata os sintomas sem necessariamente curar a "doença" subjacente. Em outras palavras, a sociedade tenta corrigir comportamentos desviantes sem lidar com os conflitos inconscientes que estão na raiz desses comportamentos. O foco está na conformidade externa e não na verdadeira compreensão ou resolução do sofrimento psíquico.

A ressocialização, conforme descrita por Alexandre Branco Pereira, pode ser criticamente examinada como um mecanismo de controle social que busca curar o desvio da norma, tanto no nível comportamental quanto psíquico. No entanto, ao analisar essa prática sob a ótica de Freud, Lacan e Foucault, percebemos que essa "cura" é superficial, tratando apenas os sintomas visíveis do desvio sem abordar as questões inconscientes mais profundas que estão em jogo.

Freud nos alerta para os perigos da repressão, enquanto Lacan sugere que o sujeito nunca pode ser totalmente integrado à norma sem sacrificar algo essencial de si. Foucault, por sua vez, expõe os mecanismos de poder envolvidos na ressocialização e nos lembra que a sociedade moderna vigia e molda seus sujeitos para garantir a conformidade. A ressocialização, portanto, pode ser vista como parte de um projeto maior de controle social, que visa corrigir o comportamento ao invés de curar o sujeito em sua totalidade.

Nesse sentido, a verdadeira "cura" não pode ser alcançada apenas por meio da ressocialização. É necessário um entendimento mais profundo das dinâmicas inconscientes, do desejo e do poder, que permita ao sujeito encontrar formas de existência que não estejam inteiramente subordinadas à norma social. A psicanálise, em vez de impor a conformidade, oferece a possibilidade de questionar essas normas e buscar novas formas de subjetividade, nas quais o desejo possa ser reconhecido e elaborado, e o indivíduo possa encontrar formas mais autênticas de existir em sociedade.

### 1.3.3 Resistência e revolta

Apesar de descrever um sistema de controle difuso e penetrante, Foucault reconhece a possibilidade de resistência. Onde há poder, há também resistência, ainda que ela não se manifeste necessariamente em grandes revoluções. As formas de resistência podem ser gestos sutis de recusa à normalização, ou o que Foucault chama de *práticas de liberdade*. Em consonância com Albert Camus, Foucault sugere que a revolta pode ocorrer nas esferas mais íntimas da vida cotidiana, onde os indivíduos se recusam a ser meros objetos de controle.

A *biopolítica* e o *panoptismo* produzem sujeitos conformados, mas também podem gerar sujeitos que resistem a esses dispositivos de poder. No entanto, essa resistência é muitas vezes abafada pela pressão contínua pela conformidade, especialmente em um contexto no qual a tecnologia e o capitalismo de vigilância se tornaram onipresentes. Como Foucault nos lembra, a resistência não é fácil, mas é sempre possível – e pode surgir onde menos se espera, no cotidiano das relações sociais e nas margens dos dispositivos de poder.

### 1.3.4 A neurose da conformidade e a possibilidade de autonomia

A partir de uma síntese entre o pensamento psicanalítico de Freud e Lacan e as teorias de Foucault, podemos afirmar que a maior neurose social do século XXI é a neurose da *conformidade* e da *autovigilância*. Vivemos em uma era onde o sujeito é disciplinado por meio de dispositivos de poder invisíveis, que se manifestam nas redes sociais, no ambiente de trabalho, nas instituições de saúde e até nos espaços de lazer. Esses mecanismos de controle criam sujeitos que se autocensuram e se conformam às expectativas normativas, gerando uma nova forma de neurose coletiva.

Contudo, seguindo a lógica foucaultiana, onde há *poder*, há também a possibilidade de *resistência*. A recusa em se submeter aos dispositivos de controle, o questionamento das normas de desempenho e produtividade e a busca por formas alternativas de subjetivação podem ser caminhos para a reconquista da autonomia. Assim, o sujeito pode, ao reconhecer e resistir às formas de controle invisíveis, redescobrir sua liberdade e sua capacidade de ação.

No entanto, há também um potencial de revolta, de questionamento dessas normas e de busca por uma autenticidade perdida. A resposta ao controle invisível pode ser uma forma de "revolta camusiana", ou uma redescoberta da liberdade por meio da recusa às exigências da normalização.

Como dizia Albert Camus (1942): "O verdadeiro ato de rebelião é afirmar a própria liberdade frente ao absurdo do mundo"[1].

## 1.3.5 Foucault e seu pensamento essencial

Michel Foucault, um dos filósofos mais influentes do século XX, trouxe uma perspectiva crítica sobre a maneira como o poder opera nas sociedades modernas. Enquanto Freud e Lacan concentram-se nos mecanismos internos do inconsciente, Foucault preocupa-se em como as instituições e as práticas sociais moldam a subjetividade por meio de formas sutis e capilares de controle. Para Foucault, as socie-

---

[1] Essa frase, tal como apresentada, não é uma citação direta de Albert Camus encontrada em suas obras. Contudo, reflete uma ideia central da filosofia do autor, particularmente no contexto de sua obra *O Mito de Sísifo* (lançada em 1942). Nesse ensaio, Camus explora o conceito do absurdo – o confronto entre o desejo humano por significado e o silêncio incompreensível do universo – e defende que o verdadeiro ato de rebelião é viver e afirmar a liberdade individual apesar do absurdo.

dades modernas não mais se baseiam em formas explícitas de repressão e punição, mas sim em modos de *vigilância* e *normalização* que disciplinam os corpos e mentes dos indivíduos.

Foucault cunhou o termo *poder disciplinar* para descrever esse tipo de controle, que é exercido por meio de instituições como escolas, hospitais, prisões e fábricas. Essas instituições não apenas regulam o comportamento, mas também definem o que é considerado "normal" e "anormal". Aqueles que se desviam das normas estabelecidas são vistos como patológicos ou desviantes, sendo frequentemente marginalizados ou submetidos a formas de correção.

O conceito de *panoptismo* é central na obra de Foucault. Inspirado pelo projeto arquitetônico de Jeremy Bentham para uma prisão circular onde um único vigia pode observar todos os prisioneiros sem ser visto, o *panoptismo* é uma metáfora para a maneira como o poder moderno funciona: o indivíduo internaliza a vigilância e começa a se autorregular, comportando-se como se estivesse sempre sendo observado. No século XXI, o *panoptismo* assume novas formas, especialmente com a proliferação de tecnologias de vigilância e de controle social, como as câmeras de segurança, as redes sociais e os algoritmos que monitoram nossos comportamentos e preferências on-line.

A *biopolítica*, outro conceito central de Foucault, refere-se ao modo como o poder moderno se preocupa com a gestão da vida biológica das populações. Na sociedade *biopolítica*, o controle se estende além dos corpos individuais para regular a saúde, a sexualidade, a reprodução e a vida em geral. Esse tipo de poder, mais do que meramente disciplinar, atua na administração da vida e na criação de normas que determinam o que significa estar "saudável", "produtivo" ou "normal".

No contexto das neuroses modernas, a crítica foucaultiana revela como as formas de controle e normalização exacerbam os conflitos psíquicos. Os indivíduos são pressionados a se conformar com padrões de sucesso, saúde e comportamento que muitas vezes são inatingíveis, levando ao desenvolvimento de transtornos como ansiedade, depressão e esgotamento. A constante vigilância – seja pelas instituições ou pelas próprias redes sociais – cria uma atmosfera em que o sujeito se sente sempre observado, avaliado e julgado, o que intensifica a angústia psíquica.

## 1.3.6. Neuroses contemporâneas: ansiedade, depressão e o *burnout*

A psicanalista e historiadora contemporânea Elisabeth Roudinesco e o filósofo Byung-Chul Han têm apontado para novas configurações das neuroses sociais que emergem em resposta às características peculiares da modernidade líquida. Roudinesco argumenta que a sociedade contemporânea vive sob o signo da "tirania do eu", em que o narcisismo se exacerba em detrimento do laço social. Essa exacerbação do narcisismo contribui para uma sociedade menos pautada pela intersubjetividade e mais voltada à autopreservação e à autoimagem.

Em *A Família em Desordem*, publicada no Brasil pela Zahar Editora em 2003, Roudinesco discute as transformações nas estruturas familiares e nas subjetividades na contemporaneidade, incluindo o impacto da "tirania do eu" e o aumento do narcisismo. Ela analisa como essas mudanças afetam os laços sociais e a intersubjetividade, levando a uma sociedade mais individualista e centrada na autopreservação e na autoimagem, em detrimento da conexão e da solidariedade entre os indivíduos.

A autora contextualiza esses fenômenos dentro das dinâmicas culturais e sociais modernas, examinando as suas implicações para a psicanálise e para a compreensão das neuroses sociais emergentes.

Byung-Chul Han, em sua obra *A Sociedade do Cansaço*, descreve o sujeito contemporâneo como um "sujeito de desempenho", constantemente pressionado a superar suas próprias limitações. O paradigma não é mais o de uma sociedade disciplinar, como descreveu Foucault, mas sim o de uma sociedade de autoexploração, em que o indivíduo se coloca como gestor de si mesmo, encarregado de otimizar sua produtividade e desempenho. Esse modelo resulta em patologias como o *burnout*, que Han considera uma das neuroses mais marcantes do século XXI. A exaustão psíquica e física, resultante da incessante busca por eficiência e sucesso, substitui as antigas histerias freudianas.

### 1.3.7. A neuropatia de um século desarraigado

Em suma, as maiores neuroses sociais do século XXI parecem ser uma exacerbação do mal-estar descrito por Freud, agravado pelas dinâmicas de uma sociedade que promove o narcisismo, o consumo desenfreado e a performance constante. O sujeito contemporâneo é bombardeado por demandas contraditórias: deve ser autossuficiente, mas profundamente conectado; deve ser eficiente, mas também criativo; deve ser visível, mas nunca vulnerável.

A modernidade, com suas promessas de liberdade e autoexpressão, resulta paradoxalmente em novas formas de neurose, nas quais o sujeito, embora aparentemente liberto das antigas repressões, se vê aprisionado por novas formas de controle, alienação e angústia.

## 1.3.8 Camus e a alienação: o absurdo da vida moderna – Camus e o absurdo do existir: alienação e revolta

Albert Camus, ainda que não fosse psicanalista, traz uma perspectiva existencialista que dialoga com o diagnóstico psicanalítico das neuroses sociais. Em *O Mito de Sísifo* (Editora Record, 1942), Camus propõe que o homem contemporâneo vive o absurdo de uma existência desprovida de sentido, forçado a encontrar significado em um mundo que não oferece respostas definitivas. A experiência do absurdo gera alienação, semelhante à neurose freudiana, mas também pode resultar em revolta. Para Camus, a revolta contra o absurdo, mais do que uma resignação ou desespero, é a única resposta autêntica à condição humana.

No século XXI, a alienação camusiana pode ser observada no niilismo digital, na superficialidade das relações sociais mediados por redes sociais e na busca incessante por relevância e reconhecimento imediato. A resposta de revolta, no entanto, parece muitas vezes se desarticular em novas formas de conformismo, evidenciadas na compulsão ao consumo e à performance social.

Albert Camus, filósofo existencialista, trouxe uma perspectiva profundamente humana sobre a alienação e o sentido da vida. Para Camus, a vida é essencialmente absurda, marcada por um confronto entre o desejo humano de encontrar significado e a indiferença do universo. Esse "absurdo" emerge quando o sujeito percebe que não há um propósito intrínseco ou uma verdade objetiva que dê sentido à existência. O homem moderno, confrontado com essa falta de sentido, se vê alienado e angustiado, buscando desesperadamente algo que transcenda o vazio.

Em sua obra *O Mito de Sísifo*, Camus usou a figura mitológica de Sísifo – condenado pelos deuses a empurrar uma rocha montanha acima, apenas para vê-la rolar de volta e repetir a tarefa eternamente – como uma metáfora para a condição humana. Sísifo simboliza a luta incessante e sem sentido que caracteriza a vida moderna, em que o sujeito se encontra preso em rotinas repetitivas e desprovidas de significado.

No século XXI, o sentimento de absurdo descrito por Camus parece mais pertinente do que nunca. A vida moderna, caracterizada pela hiperconectividade, pela busca incessante por validação nas redes sociais e pelo consumismo desenfreado, aprofunda a alienação do sujeito. Mesmo em um mundo repleto de informações e de opções, o indivíduo pode se sentir mais isolado e desorientado do que nunca. A busca por sentido se torna uma tarefa angustiante, já que os antigos valores – religiosos, comunitários ou filosóficos – parecem cada vez mais distantes ou irrelevantes.

A alienação, segundo Camus, não é apenas uma condição individual, mas uma resposta às estruturas sociais que isolam o sujeito de seu próprio senso de humanidade. As neuroses modernas, portanto, podem ser vistas como expressões dessa alienação, na qual o sujeito, incapaz de encontrar sentido em sua vida cotidiana, desenvolve sintomas que expressam sua angústia existencial.

Ao mesmo tempo, a metáfora de Sísifo exemplifica a resistência, persistindo em sua tarefa, mesmo ciente de que seu esforço carece de uma utilidade objetiva. A persistência de Sísifo, mesmo ciente de que sua tarefa carece de valor objetivo, revela a dignidade em uma vida vivida sem ilusões. Ao aceitar a repetição infinita de seu fardo, Sísifo desafia silenciosamente o destino, encontrando uma espécie de liberdade em sua própria aceitação do absurdo. É nesse paradoxo que Camus enxerga a possibilidade de felicidade: ao assumir seu fardo e permanecer firme em sua revolta muda, Sísifo redescobre uma forma de realização que não depende de um desfecho ou de uma justificativa maior.

## 1.3.9 A liberdade na revolta

Camus coloca a revolta como uma resposta fundamental diante do absurdo. A revolta é um ato de resistência ao desespero e à desistência, um ato de não sucumbir à falta de propósito. E nesse ato, o indivíduo encontra sua liberdade mais profunda: ao recusar a necessidade de um sentido ou de um objetivo predeterminado, ele se torna livre para criar valor em seus próprios gestos e decisões, mesmo sabendo que não têm peso absoluto.

Essa liberdade conferida pela revolta permite ao homem viver a vida de maneira autêntica e destemida. Ele não busca transcender sua condição, mas enfrentar a existência em seus próprios termos. Assim, o que Camus propõe é que, ao aceitar o absurdo, o homem possa se apropriar de sua experiência sem a necessidade de justificativas externas. "É preciso imaginar Sísifo feliz" é um convite a encontrar alegria no simples ato de viver, a despeito de tudo. Ele advoga por uma aceitação do absurdo sem recurso à transcendência, priorizando uma vida que se afirma no aqui e agora, sem precisar de respostas finais.

Camus também rejeita a ideia de renunciar à vida. Para ele, a verdadeira coragem está em enfrentar a existência, mesmo sem qualquer certeza maior. Nesse sentido, sua filosofia não busca oferecer uma resposta ou uma cura para o dilema humano, mas sim uma forma de enfrentá-lo com clareza e dignidade, afastando a ideia de validade ao suicídio.

*O Mito de Sísifo* ressoa até hoje, pois fala diretamente às questões do homem moderno, que se vê em meio a incertezas e dilemas existenciais em um mundo repleto de informações, mas desprovido de um sentido consolidado. Camus oferece uma visão de resistência e de coragem para o indivíduo contemporâneo, frequentemente perdido na busca por um propósito definitivo.

A imagem de Sísifo, que continua a carregar sua pedra, sugere que a busca humana, mesmo em seu caráter cíclico e repetitivo, é em si um ato de valor. Camus nos convida a abraçar o absurdo como uma via para a liberdade, aceitando a vida em suas limitações e extraindo dela sentido e satisfação sem ilusões. Essa visão não propõe uma fuga da realidade, mas uma forma radical de encará-la com honestidade e coragem. No final, Camus nos leva a ver Sísifo não apenas como um símbolo de resistência, mas como uma prova de que a vida é digna de ser vivida — mesmo sem uma razão maior ou uma última meta.

## Conclusão

Ao entrelaçar a psicanálise de Freud e Lacan com as teorias de poder de Foucault e a filosofia do absurdo de Camus, temos uma base sólida para analisar as neuroses sociais contemporâneas. Cada uma dessas abordagens oferece uma perspectiva única sobre como o sofrimento psíquico se forma e se manifesta na era moderna. A psicanálise nos revela as profundezas do inconsciente e os conflitos internos que moldam o sujeito, enquanto Foucault nos alerta para as formas externas de controle e normalização que disciplinam nossos corpos e mentes. Camus, por sua vez, nos lembra da busca constante por sentido em um mundo marcado pela alienação e pelo absurdo.

Essas reflexões iniciais estabelecem o terreno para os capítulos seguintes, nos quais aprofundaremos a análise das neuroses contemporâneas à luz dessas três vertentes, explorando como o sujeito moderno é pressionado a responder às demandas de uma sociedade que simultaneamente o oprime e o aliena.

CAPÍTULO 2

# O SUJEITO SOB VIGILÂNCIA: PANOPTISMO E CONTROLE PSÍQUICO

As formas de poder, vigilância e controle na sociedade moderna se desenvolvem de maneira cada vez mais sutil e invasiva, moldando profundamente as subjetividades. No coração dessas dinâmicas, a figura do sujeito vigiado, estudada por Michel Foucault, revela um novo tipo de neurose social que emerge sob a influência constante do olhar invisível, mas sempre presente, das instituições e da tecnologia. Este capítulo irá explorar o conceito de *panoptismo*, a arquitetura de controle proposta por Foucault e como ela se traduz em novas formas de alienação e ansiedade psíquica na era contemporânea. Também será analisado o papel das redes sociais e da economia de dados como mecanismos modernos de vigilância, que operam tanto na esfera do biopoder quanto no controle dos desejos e identidades.

## 2.1. O Panóptico: a arquitetura do poder

O conceito de *panoptismo* foi proposto por Michel Foucault em sua obra *Vigiar e Punir* (1975), na qual ele analisa a mudança das sociedades punitivas, baseadas na repressão violenta, para sociedades disciplinares, nas quais o controle é exercido de maneira mais eficiente e insidiosa. Inspirado pela ideia do *Panóptico*, uma prisão ideal projetada por Jeremy Bentham no século XVIII, Foucault observa que as sociedades modernas adotam um modelo similar para organizar a vida social. O *Panóptico* é uma estrutura circular, com uma torre central de onde um vigilante pode observar todos os prisioneiros, sem que eles saibam que estão sendo observados em dado momento. O efeito psicológico dessa incerteza é que os prisioneiros internalizam a vigilância, ajustando seu comportamento como se estivessem sempre sendo vigiados.

Essa arquitetura disciplinar não se limita às prisões, mas, segundo Foucault, se espalha por instituições como escolas, hospitais, fábricas e escritórios. Ela se baseia em um princípio de controle sutil e contínuo: em vez de depender da força bruta ou da coerção explícita, o poder moderno controla os corpos e as mentes por meio da vigilância invisível e da criação de normas que definem o comportamento aceitável. A sensação de estar sendo observado torna-se tão poderosa que os indivíduos acabam regulando a si mesmos, conformando-se aos padrões sem que seja necessária a imposição física.

Esse modelo de poder disciplinar não apenas molda o comportamento exterior, mas afeta profundamente a psique do indivíduo. Sob constante vigilância, o sujeito internaliza o olhar do outro e passa a julgar a si mesmo de acordo com os padrões de normalidade impostos pela sociedade. Foucault argumenta que essa forma de poder é particularmente eficaz porque não precisa ser visível ou violenta; ela opera de maneira difusa, penetrando todos os aspectos da vida cotidiana. A vigilância, assim, se torna um mecanismo interno, enraizado na própria subjetividade, criando um estado de ansiedade permanente.

No século XXI, o *panoptismo* se manifesta com maior intensidade por meio das tecnologias digitais, das redes sociais e da coleta de dados, o que transforma o indivíduo em um "sujeito de vigilância" perpétuo. Vivemos na era do "capitalismo de vigilância", como descrito por Shoshana Zuboff, onde as nossas atividades cotidianas são monitoradas e transformadas em dados. A percepção de estar constantemente sendo observado gera uma conformidade voluntária, um controle internalizado que, para Foucault, é o cerne da neurose social contemporânea. Assim, a neurose moderna não é apenas uma neurose da repressão freudiana, mas uma neurose de *normalização*, em que os indivíduos se disciplinam e se autocensuram.

## 2.2. O panoptismo digital: redes sociais e autovigilância

Com a ascensão das redes sociais e a integração de tecnologias de monitoramento em todas as esferas da vida, o conceito de vigilância panóptica se ampliou drasticamente. Hoje, os indivíduos estão constantemente conectados a dispositivos que registram, analisam e compartilham seus dados pessoais. O *panoptismo digital*, portanto, vai além das paredes de prisões ou instituições; ele invade os espaços mais íntimos e pessoais, tornando a vida cotidiana um campo de vigilância constante.

As redes sociais, como Facebook, Instagram, Twitter e TikTok, exemplificam essa nova forma de vigilância, na qual os indivíduos não são apenas observados por outros, mas também por algoritmos que monitoram seus comportamentos, preferências e interações. O que diferencia esse novo modelo de vigilância é que, além de internalizarem o olhar do outro, os sujeitos também performam para esse olhar, criando versões idealizadas de si mesmos para alcançar reconhecimento, validação e pertencimento. A lógica panóptica, nesse caso, é reforçada pela necessidade de autopromoção e pela busca incessante por aprovação.

A ansiedade psíquica que emerge dessa dinâmica é palpável. A busca por curtidas, compartilhamentos e seguidores se torna uma medida de valor pessoal, gerando angústia e insatisfação quando o sujeito não atinge os padrões de popularidade esperados. O controle não é mais apenas disciplinar no sentido clássico, mas atua diretamente nos desejos e nas emoções, criando formas de alienação e sofrimento. A competição por visibilidade e reconhecimento nas redes sociais exacerba o sentimento de inadequação, levando a comparações constantes e à sensação de que o sujeito nunca é bom o suficiente.

Além disso, a vigilância digital opera de forma oculta, onde algoritmos e empresas de tecnologia coletam informações detalhadas sobre os usuários sem seu consentimento explícito. Esse controle invisível, que Foucault descreve como uma característica central do poder disciplinar, agora se manifesta em um nível ainda mais sofisticado, com as plataformas digitais exercendo um controle sobre os desejos, as identidades e as decisões de consumo dos indivíduos. A sensação de ser monitorado constantemente, seja por outras pessoas ou por sistemas automatizados, cria um estado de hipervigilância, no qual o sujeito é compelido a estar sempre atento à sua própria performance e imagem pública.

## 2.3. Biopolítica e o controle dos corpos

Foucault amplia sua análise do poder disciplinar para incluir o conceito de *biopolítica*, que descreve o controle exercido pelo Estado e pelas instituições sobre a vida biológica das populações. No modelo biopolítico, o poder não apenas regula o comportamento individual, mas também administra a saúde, a sexualidade, a reprodução e a mortalidade. Esse controle sobre os corpos manifesta-se em políticas públicas que visam regular a natalidade, a vacinação, a gestão de pandemias e até mesmo a definição do que significa estar "saudável" ou "doente".

No século XXI, a *biopolítica* se intensifica com o avanço da medicina digital e das tecnologias de monitoramento de saúde, como os dispositivos *wearables*, que coletam dados sobre nossos batimentos cardíacos, padrões de sono e níveis de atividade física. Foucault argumenta que a sociedade contemporânea está saturada por dispositivos de controle – o que ele denomina de *dispositifs* – que regulam desde o comportamento até a identidade. A patologização de comportamentos considerados desviantes, como a explosão de diagnósticos de transtornos como ansiedade, depressão e *burnout*, exemplifica esse controle biopolítico, que visa normalizar os sujeitos.

Essas tecnologias, que prometem melhorar a qualidade de vida, também introduzem novos modos de controle, nos quais os indivíduos são encorajados a monitorar e regular seus próprios corpos de acordo com parâmetros estabelecidos por instituições médicas e industriais.

O controle biopolítico também se estende ao campo das emoções e da saúde mental. Com o aumento das campanhas de conscientização sobre doenças mentais e o acesso a terapias e medicamentos psicotrópicos, o sofrimento psíquico é cada vez mais patologizado e medicalizado. Embora isso tenha benefícios indiscutíveis, como o aumento do acesso a tratamentos, também cria formas de normatização, em que emoções como tristeza, ansiedade ou luto são rapidamente rotuladas como disfunções que precisam ser corrigidas. O sujeito, portanto, encontra-se preso em uma lógica *biopolítica* que regula não apenas seu corpo físico, mas também suas emoções e estados mentais.

A *biopolítica* moderna, portanto, gera uma forma específica de neurose social: a neurose da produtividade e do desempenho. Byung-Chul Han, filósofo contemporâneo que dialoga com Foucault, analisa essa questão em sua obra *A Sociedade do Cansaço*, apontando que o sujeito contemporâneo é pressionado a ser continuamente produtivo e a maximizar seu desempenho, o que resulta em um estado de exaustão e esgotamento. Esse fenômeno está intimamente relacionado ao conceito foucaultiano de *biopoder*, em que as exigências de eficiência e normatividade se tornam ferramentas de controle sobre a vida.

As consequências psíquicas dessa regulação são profundas. O sujeito contemporâneo, sob constante pressão para otimizar sua saúde física e mental, pode desenvolver uma forma de ansiedade crônica relacionada ao desempenho. A exigência de ser constantemente "produtivo", "feliz" e "equilibrado" gera um ciclo de frustração e culpa quando o indivíduo falha em atender a esses padrões. Esse sentimento de inadequação pode levar a novas formas de neurose, nas quais o controle interno do corpo e da mente se torna uma obsessão.

## 2.4. Neurose e alienação: o sujeito fragmentado

Uma das principais consequências da vigilância e do controle biopolítico é a fragmentação do sujeito. Em vez de se ver como um todo integrado, o indivíduo moderno muitas vezes experimenta sua vida como uma série de performances fragmentadas, ajustadas para diferentes públicos e contextos. Nas redes sociais, ele projeta uma imagem idealizada; no trabalho, desempenha o papel de um profissional eficiente; em casa, tenta manter as aparências de estabilidade emocional. Essa fragmentação leva a um estado de alienação, no qual o sujeito se sente desconectado de seu verdadeiro eu.

Jacques Lacan, em sua análise do sujeito, sugere que o *eu* nunca é realmente um todo unificado, mas sempre dividido entre o *simbólico*, o *imaginário* e o *real*. No contexto das neuroses modernas, essa divisão se intensifica, pois o sujeito se vê forçado a negociar entre múltiplas identidades e expectativas. A vigilância e o controle social exacerbam essa divisão, criando uma tensão constante entre a necessidade de conformidade e o desejo de autenticidade.

O livro de Jacques Lacan que fundamenta essa análise é *O Seminário, Livro 2: O Eu na Teoria de Freud e na Técnica da Psicanálise*, publicado no Brasil pela Jorge Zahar Editora em 1985. Nesse seminário, Lacan aprofunda a ideia de que o eu (ou ego) é estruturado como um reflexo do campo simbólico, e que o sujeito nunca é um todo unificado, mas sempre dividido entre o simbólico, o imaginário e o real. Ele descreve como essa divisão forma a base do sujeito psicanalítico, que é constantemente atravessado pelo desejo e pela necessidade de negociar diferentes instâncias e expectativas.

Essa obra é crucial para entender a visão lacaniana de como o sujeito está fragmentado entre essas três ordens — simbólico, imaginário e real — e como a pressão externa, incluindo vigilância e controle social, pode intensificar as tensões internas, dificultando a reconciliação entre as diferentes facetas da identidade e a busca de autenticidade.

A alienação resultante desse processo não é apenas uma sensação de desconexão interna, mas também um sentimento de exclusão social. O sujeito moderno, pressionado a se conformar aos padrões normativos de sucesso, beleza, saúde e felicidade, muitas vezes sente-se excluído quando não consegue atender a essas expectativas. Essa sensação de inadequação pode se manifestar em formas de sofrimento psíquico, como depressão, ansiedade e distúrbios de identidade.

## 2.5. Respostas à vigilância: resistência e subversão

Apesar da onipresença do controle panóptico e biopolítico, Foucault também reconheceu a capacidade dos sujeitos de resistir a essas formas de poder. Ele argumentou que onde há poder, há também a possibilidade de resistência, e que os indivíduos podem encontrar maneiras de subverter as normas e escapar da vigilância. No contexto contemporâneo, essa resistência pode assumir muitas formas, desde o uso de tecnologias para proteger a privacidade até movimentos sociais que desafiam as normas de gênero, sexualidade e raça.

A subversão do *panoptismo* digital, por exemplo, pode ser vista em práticas de anonimato on-line, criptografia de dados e na criação de redes alternativas que fogem ao controle das grandes corporações de tecnologia. Além disso, movimentos como o feminismo, o antirracismo e a luta LGBTQIAPN+

desafiam as normas *biopolíticas* que regulam os corpos e as identidades, oferecendo novas formas de subjetividade que escapam à vigilância e ao controle social.

Por fim, as práticas de autorreflexão e a psicanálise oferecem um espaço de resistência interna, na qual o sujeito pode confrontar suas próprias alienações e ansiedades, buscando uma forma de autenticidade que transcenda as pressões sociais e as demandas do olhar externo. A psicanálise, nesse sentido, não é apenas um instrumento de cura individual, mas também uma ferramenta de resistência contra as formas insidiosas de poder que moldam as neuroses modernas.

## 2.6. Saber, poder e controle psíquico

Foucault destaca que o poder moderno não pode ser dissociado do *saber*. O que ele chama de *saber-poder* é uma forma de controle que opera por meio da produção e regulação de conhecimentos sobre os corpos e as mentes. A psiquiatria, a psicologia e outras disciplinas do campo das ciências humanas participam desse processo ao definir categorias de "normalidade" e "anormalidade" e ao legitimarem intervenções sobre os indivíduos. Para Foucault, o conhecimento, longe de ser neutro, é uma prática de poder.

No contexto atual, o *saber-poder* manifesta-se nas práticas de *governamentalidade*, um conceito que Foucault utiliza para descrever a maneira como o poder é exercido sobre a população, não por meio da repressão explícita, mas pela gestão de comportamentos e da vida cotidiana. As políticas públicas de saúde mental, por exemplo, são formas de *governamentalidade*, na medida em que organizam e regulam as emoções e comportamentos dos indivíduos. Ao definir o que é saudável ou patológico, essas práticas moldam subjetividades e criam formas de neurose social, em que o controle psíquico é naturalizado.

Assim, para Foucault, a neurose social contemporânea não é mais uma neurose freudiana do recalcamento de desejos reprimidos, mas uma neurose da *normalização* e do *controle disciplinar*, em que o sujeito internaliza as normas de comportamento, autocensura-se e conforma-se a expectativas impostas por uma estrutura de poder invisível, mas constante.

CAPÍTULO 3

# A NEUROSE DA NORMALIZAÇÃO: BIOPOLÍTICA E A IMPOSIÇÃO DA PRODUTIVIDADE

A sociedade contemporânea, fortemente marcada pelas demandas de produtividade e pelo controle biopolítico sobre os corpos e mentes, impõe ao indivíduo uma constante sensação de inadequação e a necessidade de performar para atender a expectativas externas. A normalização, um conceito central na obra de Michel Foucault, envolve a imposição de padrões que não apenas organizam a vida social, mas também moldam subjetividades, regulando o que é considerado normal e patológico. Este capítulo examinará como as demandas de produtividade e a regulação *biopolítica* criam formas de neurose, evidenciadas em sentimentos de ansiedade, insuficiência e alienação.

Exploraremos como a lógica da normalização influencia as instituições, o mundo do trabalho e a própria identidade dos indivíduos, submetendo-os a uma incessante busca pela eficiência, felicidade e conformidade. Ao longo do texto, o conceito de *biopolítica* de Foucault será ampliado para incluir análises da psicanálise contemporânea e de filósofos que discutem as dinâmicas do poder e do controle nas sociedades neoliberais. Finalmente, será discutida a relação entre produtividade e sofrimento psíquico, trazendo à luz o impacto das pressões normativas na saúde mental.

## 3.1. A normalização e a gestão da vida

Foucault, em *Vigiar e Punir* e em *História da Sexualidade*, introduz o conceito de *biopolítica* como uma maneira de descrever como o poder moderno se desloca para além do controle físico direto, para se infiltrar nas esferas da vida cotidiana e regular os processos biológicos dos indivíduos e das populações. Sob o regime biopolítico, o poder não se contenta em administrar leis e instituições; ele também regula os corpos, os hábitos e até mesmo as emoções, controlando a forma como os indivíduos vivem, trabalham, procriam e se relacionam.

O poder biopolítico é exercido por meio da normalização, um processo pelo qual certos comportamentos e modos de vida são definidos como normais, enquanto outros são patologizados. Nas sociedades modernas, a normalização se expande para todos os aspectos da vida, promovendo a ideia de que o indivíduo deve ser produtivo, eficiente e otimizado em todas as esferas – do trabalho ao lazer, da sexualidade à saúde. Essa imposição de normas não é apenas externa, ela é internalizada pelos indivíduos, que começam a regular a si mesmos de acordo com os padrões estabelecidos pelo discurso social e pelas instituições.

Foucault argumenta que a normalização, como forma de poder, não é necessariamente coercitiva ou violenta. Ao contrário, ela funciona de forma insidiosa, criando uma lógica de conformidade que leva os sujeitos a ajustar suas vidas para se encaixarem nas expectativas sociais sem questionar o motivo ou a finalidade desses ajustes. O indivíduo sob o regime biopolítico torna-se o guardião de sua própria produtividade e bem-estar, monitorando sua saúde, desempenho e felicidade de acordo com métricas externas que foram impostas como necessárias para a vida "boa" ou "bem-sucedida".

Esse controle biopolítico sobre os corpos e mentes, ao exigir produtividade constante e normatização, gera o que pode ser descrito como uma nova neurose social: a neurose da produtividade. Ela emerge da incapacidade do sujeito de se desvencilhar dessas demandas normativas e da pressão contínua para ser mais eficiente, mais saudável, mais feliz e mais integrado à lógica do desempenho.

## 3.2. A sociedade da performance e o sujeito fragmentado

A imposição da produtividade como um valor central na sociedade contemporânea encontra seu alicerce em um regime econômico neoliberal que transforma todas as esferas da vida em oportunidades para maximizar o desempenho. Nas últimas décadas, as reformas econômicas e sociais estruturaram a vida em torno da ideia de que o indivíduo é um empresário de si mesmo, responsável não apenas por seu sucesso profissional, mas também pela otimização de seu corpo, mente e emoções.

O filósofo Byung-Chul Han, em seu livro *Sociedade do Cansaço*, descreve o sujeito contemporâneo como um "sujeito de desempenho" (ou sujeito da performance), que vive em constante pressão para se aprimorar e alcançar resultados. Esse sujeito, diferentemente do sujeito disciplinar descrito por Foucault, não é coagido por uma autoridade externa; ele é pressionado por sua própria internalização das normas de sucesso e produtividade. Ele se torna um gerente de si mesmo, tentando extrair o máximo de eficiência de seu corpo e mente em todas as esferas da vida.

Na "sociedade do cansaço", o sujeito se fragmenta à medida que é compelido a desempenhar múltiplos papéis: o trabalhador produtivo, o consumidor consciente, o indivíduo saudável, o parceiro amoroso ideal, entre outros. Essa fragmentação gera uma sensação de alienação profunda, já que o sujeito nunca consegue integrar plenamente todas essas expectativas. Ele se vê dividido entre múltiplas identidades que muitas vezes são contraditórias entre si, criando uma tensão psíquica constante.

Esse estado de frustração e exaustão contínua pode ser compreendido por meio da psicanálise. A pressão para desempenhar constantemente gera uma ansiedade latente, que se manifesta em diversas formas: desde a incapacidade de relaxar até o medo de fracassar ou de não ser suficiente. O sujeito, sob essas condições, vive em um estado de vigilância permanente, monitorando seu próprio desempenho de acordo com métricas impostas pelo discurso social e pelas tecnologias que facilitam a autovigilância, como aplicativos de produtividade, de saúde e de bem-estar.

Essa neurose de produtividade se agrava à medida que o fracasso se torna inaceitável. O sujeito que não consegue atingir os padrões estabelecidos é visto como culpado de seu próprio insucesso, criando um ciclo de culpa e vergonha que aprofunda ainda mais a alienação. O neoliberalismo, ao transformar todas as esferas da vida em mercados competitivos, promove a ideia de que qualquer fracasso é uma falha pessoal e não o resultado de condições estruturais.

## 3.3. Biopolítica, saúde e a medicalização da vida

Outro aspecto central da *biopolítica* descrita por Foucault é o controle da saúde e da vida biológica dos indivíduos. No contexto contemporâneo, esse controle assume novas formas, especialmente por meio da medicalização da vida cotidiana. A saúde, que antes era vista como uma questão individual, tornou-se uma responsabilidade coletiva, e o bem-estar físico e mental passou a ser gerido por uma complexa rede de instituições, políticas públicas e normas sociais.

O discurso médico, com seu poder de definir o que é saudável ou doentio, normal ou patológico, exerce um papel central na *biopolítica* moderna. O sujeito é continuamente incentivado a monitorar sua própria saúde e a buscar otimização de seu corpo e mente, seja com medicamentos, tratamentos ou terapias. A medicalização se estende para além do tratamento de doenças; ela abrange a prevenção e a manutenção de um estado constante de vigilância sobre o corpo.

Esse estado de vigilância gera uma forma de neurose particular, que pode ser chamada de *neurose da saúde*. O sujeito moderno vive sob a constante pressão de ser saudável, o que envolve não apenas evitar doenças, mas também atingir ideais de forma física, beleza e bem-estar mental. A proliferação de dietas, programas de exercício, meditação e *mindfulness*, muitas vezes vendidas como soluções para o "bem-estar total", reforça a ideia de que a saúde é um projeto a ser constantemente gerido e otimizado.

A neurose da saúde está intrinsecamente ligada à ideia de normalização. Ao definir padrões de saúde e bem-estar, a sociedade contemporânea impõe expectativas sobre como o corpo deve se comportar e como o indivíduo deve se sentir. Qualquer desvio desses padrões – seja a tristeza, o cansaço ou a flutuação de peso – é rapidamente patologizado e tratado como algo a ser corrigido. O resultado é uma obsessão com o controle do corpo e da mente, que gera um estado constante de ansiedade.

Na psicanálise, essa obsessão com o controle do corpo pode ser vista como uma tentativa de lidar com a angústia subjacente à condição humana. O corpo, como um lócus de prazer e dor, representa uma fonte de incerteza e vulnerabilidade. Ao tentar dominar o corpo por meio de regimes de saúde e *fitness*, o sujeito tenta, em última análise, dominar sua própria finitude. A neurose da saúde é, portanto, uma tentativa de evitar a confrontação com o real – o fato de que o corpo é limitado, vulnerável e inevitavelmente sujeito ao declínio.

## 3.4. Produtividade, capitalismo e sujeição psíquica

O imperativo da produtividade que domina a vida contemporânea está profundamente entrelaçado com a lógica capitalista que transforma o tempo e o corpo em mercadorias. No trabalho, o sujeito é incentivado a maximizar sua eficiência, enquanto em sua vida pessoal ele deve ser igualmente produtivo, seja no cuidado com sua saúde, na criação de filhos ou no aprimoramento de suas habilidades. Esse imperativo de produtividade cria uma sujeição psíquica que molda profundamente a subjetividade.

Foucault descreveu como o poder moderno não se exerce apenas pela repressão, mas pela produção de subjetividades. No contexto do capitalismo neoliberal, a subjetividade do indivíduo é moldada pela necessidade de ser produtivo em todas as esferas da vida. O sujeito torna-se um "capital humano", responsável por seu próprio sucesso ou fracasso no mercado competitivo da vida social e econômica.

Essa sujeição psíquica é particularmente evidente no mundo do trabalho, onde a linha entre o tempo de trabalho e o tempo de lazer foi apagada. O sujeito moderno está sempre "ligado", respondendo a *e-mails*, participando de reuniões virtuais e tentando se manter relevante em um mercado de trabalho que exige flexibilidade e adaptação constante. A própria identidade do sujeito está profundamente enredada em sua capacidade de ser produtivo, o que gera uma ansiedade constante sobre a possibilidade de fracasso ou obsolescência.

Essa pressão constante para ser produtivo não é apenas externa; ela é internalizada pelo sujeito, que começa a medir seu próprio valor com base em sua capacidade de desempenho. A psicanálise contemporânea oferece uma lente para entender esse fenômeno, sugerindo que o sujeito, ao tentar se adequar às exigências de produtividade, cria para si um superego severo que o julga implacavelmente. Esse superego, como um vigilante interno, está sempre monitorando o desempenho do sujeito e o punindo quando ele falha em atender às expectativas.

## 3.5. O impacto psíquico da normalização

A normalização *biopolítica* e a imposição da produtividade têm efeitos profundos na saúde mental dos indivíduos. A pressão para se conformar às normas sociais de produtividade, eficiência e saúde cria uma sensação constante de inadequação e ansiedade. O sujeito moderno está sempre em falta, nunca sendo capaz de atingir plenamente os ideais que lhe são impostos.

Essa condição gera um mal-estar psíquico que se manifesta de diversas formas: desde transtornos de ansiedade e depressão até o esgotamento e a despersonalização. A sensação de nunca ser suficiente, de nunca ser produtivo o bastante ou saudável o bastante, corrói a autoestima do sujeito e gera um ciclo vicioso de sofrimento psíquico.

Na psicanálise, a imposição desses ideais de produtividade pode ser vista como uma forma de violência simbólica, em que o sujeito é compelido a sacrificar seu bem-estar emocional em nome de um ideal inatingível. O resultado é um estado de alienação, em que o sujeito sente-se desconectado de si mesmo e de suas verdadeiras necessidades.

# CAPÍTULO 4

# A ALIENAÇÃO HIPERCONECTADA: TECNOLOGIA E PERDA DE SI – O NARCISISMO E A HIPERCONECTIVIDADE

As redes sociais e o avanço das tecnologias digitais criaram um tipo de neurose caracterizada pela hiperconectividade e pelo culto ao *self*. A exposição constante à avaliação alheia, bem como a dependência de aprovações simbólicas (curtidas, seguidores, compartilhamentos), intensificam a alienação do sujeito, que busca incessantemente aprovação e reconhecimento. Essa condição é amplamente estudada por autores como Sherry Turkle e Jean Twenge, que identificam um aumento substancial de distúrbios de ansiedade e depressão, sobretudo em gerações mais jovens, associadas ao uso excessivo dessas tecnologias.

Sherry Turkle, em sua obra *Sós Juntos: a Ilusão da Conexão na Era Digital* (2013, Editora Record), traz como a tecnologia digital, especialmente as redes sociais, afeta as relações interpessoais e a capacidade de conexão humana, resultando em um aumento da solidão e da alienação. Ela argumenta que, apesar da hiperconectividade, os indivíduos se sentem mais isolados e experimentam um aumento de distúrbios emocionais.

Jean Twenge, em *iGen: Como a Geração das Redes Sociais Está Mudando a Adolescência e a Juventude* (2018, Editora Objetiva), por sua vez, traz como o uso excessivo de *smartphones* e redes sociais entre os jovens está correlacionado com um aumento de distúrbios de ansiedade e depressão. Ela argumenta que a cultura digital moderna tem impactado negativamente o bem-estar emocional dos adolescentes, tornando-os menos felizes e mais propensos a crises emocionais.

As duas obras fornecem uma base teórica para entender as consequências psicológicas da cultura digital contemporânea e suas relações com a saúde mental.

O "eu hiperconectado", no entanto, é também um "eu fragmentado", como sugere Han. A vida digital cria a ilusão de onipresença e onisciência mas, ao mesmo tempo, aprofunda a solidão e a desconexão. As plataformas digitais exacerbam a superficialidade das interações humanas, gerando um paradoxo de hiperconexão e isolamento. O século XXI é marcado pela proliferação de tecnologias digitais que alteraram profundamente a forma como vivemos, interagimos e nos compreendemos. As redes sociais, os dispositivos móveis e as plataformas digitais, em constante evolução, prometem conectar as pessoas e facilitar a vida cotidiana, mas também trazem consigo novas formas de alienação e fragmentação do eu. Nesse cenário, o sujeito contemporâneo, cada vez mais dependente de sua presença on-line e de seu engajamento com as tecnologias, enfrenta uma profunda perda de si mesmo. O sujeito hiperconectado está imerso em uma teia digital que, em vez de promover a coesão e o pertencimento, frequentemente reforça sentimentos de solidão, inadequação e ansiedade.

## 4.1. O paradoxo da conectividade

A tecnologia digital transformou a vida contemporânea ao oferecer um nível de conectividade sem precedentes. Redes sociais, aplicativos de mensagens instantâneas, *e-mails* e plataformas colaborativas possibilitam a comunicação em tempo real com pessoas ao redor do mundo. No entanto, apesar dessas inovações, a hiperconectividade também tem um lado sombrio: a crescente alienação que acomete o sujeito moderno.

Essa alienação decorre de um paradoxo central. Embora estejamos tecnicamente mais conectados do que nunca, essa conexão é frequentemente superficial e mediada por interfaces digitais que fragmentam a comunicação e distorcem a percepção do outro. A promessa da tecnologia de conectar as pessoas é minada pela ausência de contato genuíno e pela superficialidade das interações on-line. A capacidade de se conectar de forma instantânea e contínua não equivale a um engajamento significativo; em vez disso, muitas vezes leva a uma forma de despersonalização em que as relações se tornam transacionais, superficiais e fragmentadas.

Nesse sentido, a tecnologia digital exacerba o que já era uma tendência nas sociedades capitalistas contemporâneas: a transformação das relações sociais em trocas utilitárias. A amizade, o amor e a comunicação são reduzidos a interações quantificáveis, mediadas por algoritmos que favorecem o engajamento contínuo em detrimento da profundidade emocional. O sujeito hiperconectado está preso em um ciclo de comunicação que, em vez de reforçar sua identidade e sentido de pertencimento, frequentemente gera solidão e alienação.

## 4.2. A imposição da visibilidade e o panoptismo digital

A sociedade digital é também uma sociedade de visibilidade constante. As redes sociais transformaram o indivíduo comum em um ator que precisa estar continuamente em exibição. O sujeito é encorajado a mostrar sua vida pessoal, seus pensamentos e seus sentimentos em plataformas que recompensam a visibilidade com "curtidas", "compartilhamentos" e "comentários", transformando a vida cotidiana em um espetáculo a ser consumido por outros.

Essa lógica da visibilidade pode ser analisada por meio do conceito de *panoptismo*, introduzido por Michel Foucault em *Vigiar e Punir*. O *panoptismo* é uma forma de controle que opera por meio da vigilância constante, em que o sujeito se comporta de acordo com normas preestabelecidas porque sabe que está sendo observado. Na sociedade digital, esse princípio se intensifica, uma vez que a visibilidade se torna voluntária. O sujeito não é apenas vigiado por instituições, mas também participa ativamente da sua própria exposição e da vigilância sobre os outros.

A visibilidade digital, no entanto, não é neutra. Ela é moldada por algoritmos que favorecem determinados comportamentos e formas de interação, incentivando o sujeito a se conformar às normas de engajamento e popularidade impostas pelas plataformas digitais. Como resultado, o sujeito hiperconectado internaliza a lógica da visibilidade, ajustando seu comportamento para maximizar sua presença on-line. Esse processo gera uma neurose de visibilidade, em que o sujeito se sente compelido a se exibir continuamente, buscando aprovação e validação externa, enquanto simultaneamente vive com o medo constante de ser julgado, criticado ou ignorado.

Essa forma de vigilância digital gera uma ansiedade permanente. O sujeito é compelido a medir seu valor com base nas reações que recebe on-line, criando uma dependência emocional de métricas superficiais como "curtidas" e "seguidores". A identidade, que antes era construída com base em interações face a face e em relacionamentos profundos, torna-se fluida e fragmentada, moldada pela necessidade de se adaptar constantemente às expectativas do público digital.

## 4.3. A fragmentação da subjetividade e a dissociação do eu

A hiperconectividade digital não apenas molda o comportamento visível do sujeito; ela também afeta profundamente sua subjetividade. Na psicanálise, o "eu" é compreendido como uma construção complexa, resultado das interações entre o inconsciente, o superego e as relações com os outros. O sujeito constrói sua identidade ao longo do tempo, por meio de processos de identificação e diferenciação. No entanto, na era digital, esses processos são interrompidos ou distorcidos pelas exigências da hiperconectividade.

O sujeito digital é forçado a viver em múltiplos espaços ao mesmo tempo: ele existe no mundo físico, mas também nas redes sociais, em *e-mails*, em plataformas de trabalho colaborativo, entre outros. Essa multiplicidade de espaços fragmenta a identidade do sujeito, que deve adaptar seu comportamento e sua persona a cada plataforma. Nas redes sociais, ele pode apresentar uma versão idealizada de si mesmo, enquanto no trabalho digital ele deve projetar eficiência e competência. Essa fragmentação leva a uma dissociação do eu, em que o sujeito sente que está sempre performando diferentes papéis sem nunca integrar completamente essas facetas em uma identidade coesa.

Essa dissociação é exacerbada pela natureza efêmera das interações on-line. Nas plataformas digitais, as comunicações são rápidas e muitas vezes descartáveis, o que dificulta a construção de relacionamentos profundos e duradouros. O sujeito hiperconectado, em vez de aprofundar sua compreensão de si mesmo por meio do contato com os outros, frequentemente se vê navegando superficialmente entre múltiplas identidades e relacionamentos, sem nunca se comprometer totalmente com nenhuma delas.

Do ponto de vista psicanalítico, essa dissociação do eu gera um sentimento de alienação e desorientação. O sujeito perde o senso de continuidade e coesão, tornando-se um reflexo das expectativas e demandas externas. A hiperconectividade digital, ao fragmentar o tempo e o espaço em que o sujeito vive, cria uma nova forma de alienação em que o "eu" se dissolve em uma miríade de representações superficiais e fugazes.

## 4.4. A hiperprodutividade e a ilusão do controle

Além da fragmentação da subjetividade, a tecnologia digital também reforça o imperativo contemporâneo da hiperprodutividade. Aplicativos de produtividade, calendários on-line, notificações constantes e plataformas de trabalho colaborativo criam a ilusão de que o sujeito está no controle de seu tempo e de suas atividades. No entanto, essa mesma tecnologia que promete eficiência e organização frequentemente gera o efeito oposto: ansiedade, exaustão e perda de controle.

O sujeito hiperconectado está sempre disponível, sempre ligado e nunca completamente desligado de suas obrigações. O trabalho se infiltra na vida pessoal, e a linha entre lazer e produtividade desaparece. A tecnologia, que deveria liberar o sujeito do fardo do trabalho contínuo, acaba por criar uma cultura de disponibilidade permanente. O sujeito está sempre trabalhando, sempre respondendo a *e-mails*, sempre tentando otimizar seu tempo, mas nunca alcança uma verdadeira sensação de controle ou conclusão.

Essa pressão pela hiperprodutividade gera uma forma de neurose conhecida como *burnout*. O sujeito se sente constantemente exausto e sobrecarregado, incapaz de se desconectar das exigências digitais que o cercam. A promessa de controle oferecida pela tecnologia se revela uma armadilha, em que o sujeito se torna prisioneiro de seu próprio desejo de ser mais eficiente e produtivo.

O *burnout*, portanto, não é apenas uma consequência do excesso de trabalho, mas também da alienação que resulta da tentativa incessante de controlar o incontrolável. A vida digital, com sua multiplicidade de demandas e distrações, cria uma sobrecarga cognitiva que impede o sujeito de encontrar momentos de verdadeira desconexão e descanso. O resultado é um ciclo vicioso de exaustão e frustração, em que o sujeito tenta continuamente recuperar o controle, mas fracassa diante da avalanche de tarefas e notificações.

## 4.5. A ilusão de liberdade e a realidade da subjugação

Um dos aspectos mais insidiosos da tecnologia digital é a maneira como ela promove uma ilusão de liberdade e autonomia, ao mesmo tempo que subjuga o sujeito a novas formas de controle. As redes sociais e as plataformas digitais oferecem ao sujeito a sensação de que ele está no controle de sua própria imagem e de suas interações, mas na realidade, essas plataformas operam por meio de algoritmos que moldam o comportamento dos usuários de maneiras sutis, mas poderosas.

Os algoritmos, projetados para maximizar o engajamento e o tempo de uso, incentivam comportamentos que reforçam a conformidade com as normas sociais dominantes. O sujeito sente que está fazendo escolhas livres, mas essas escolhas são frequentemente moldadas por influências invisíveis que orientam suas ações. Essa dinâmica é um exemplo clássico do que Foucault chamou de *poder disciplinar*, em que o sujeito é moldado por forças externas que operam de maneira quase imperceptível, mas eficaz.

A sensação de liberdade oferecida pela tecnologia digital é, portanto, ilusória. O sujeito está, na verdade, preso em um sistema de vigilância e controle que molda sua subjetividade e suas interações. Ao participar voluntariamente das redes sociais e das plataformas digitais, o sujeito reforça sua própria subjugação, internalizando as normas e expectativas impostas por esses sistemas.

Essa subjugação é particularmente perigosa porque é invisível. O sujeito sente que está no controle de sua própria vida mas, na verdade, está sendo moldado por forças externas que o compeliam a agir de determinadas maneiras. A liberdade oferecida pela tecnologia digital é, portanto, uma forma de *falsa consciência*, em que o sujeito acredita que está agindo autonomamente, mas está, na verdade, reforçando sua própria alienação e controle.

## Conclusão

A alienação hiperconectada do sujeito contemporâneo é um fenômeno complexo e multifacetado, que envolve a fragmentação da subjetividade, a imposição da visibilidade, a pressão pela hiperprodutividade e a ilusão de liberdade. A tecnologia digital, ao mesmo tempo que promete facilitar a vida e conectar as pessoas, frequentemente gera formas insidiosas de controle e alienação, que corroem a identidade e o bem-estar do sujeito.

Ao entender as dinâmicas da alienação hiperconectada, podemos começar a imaginar novas formas de resistência e reconexão. A psicanálise e a filosofia oferecem ferramentas poderosas para desvendar as estruturas de poder e controle que moldam nossa subjetividade, permitindo que o sujeito recupere, pelo menos em parte, sua autonomia e seu sentido de si mesmo.

# CAPÍTULO 5

# PARÁBOLA: "A CIDADE DO ESPELHO"

Em um tempo não tão distante, havia uma cidade magnífica chamada Espelho. Era uma cidade única no mundo, construída inteiramente de vidro e reflexos, onde cada parede, cada rua e cada objeto devolvia a imagem de quem os contemplava. As casas tinham janelas que, em vez de mostrar o que estava do lado de fora, refletiam apenas o rosto de quem olhasse através delas. Nas praças, monumentos de cristal reluziam sob o sol, multiplicando-se em infinitas cópias de si mesmos em todas as direções. A cidade vivia para os reflexos. E seus habitantes, sem perceber, também.

A vida em Espelho era aparentemente perfeita. As pessoas andavam pelas ruas brilhantes, orgulhosas de sua beleza refletida. Cada esquina trazia a promessa de ver-se mais uma vez, de confirmar sua presença no mundo através da imagem devolvida pelo vidro. Era uma cidade onde a aparência valia mais do que qualquer outra coisa. Cada habitante desenvolvia o hábito de ajustar sua postura, arrumar suas roupas e garantir que, ao se ver em algum reflexo, estivesse impecável. Mas havia algo de inquietante nas profundezas dessa cidade cintilante, algo que os habitantes tentavam ignorar, mas que crescia silenciosamente dentro deles.

A cidade era governada por um Conselho de Sábios, um grupo de anciãos que, dizia-se, conhecia os segredos do vidro. Eles entendiam como os reflexos moldavam a vida dos cidadãos e, com o tempo, descobriram uma maneira de usar essa dependência para controlar a cidade. Eles instalaram espelhos especiais em locais estratégicos – nas praças principais, nas entradas das casas, nos salões públicos – que podiam capturar não apenas a imagem física dos habitantes, mas também suas emoções, pensamentos e desejos mais profundos. Esses espelhos tinham o poder de moldar as ações das pessoas, sugerindo suavemente o que elas deveriam fazer, pensar ou sentir, de modo que quase ninguém se dava conta de que estava sendo controlado.

Os habitantes de Espelho, sempre encantados com suas próprias reflexões, nunca questionaram o poder dos espelhos. Estavam ocupados demais observando suas imagens perfeitas, suas vidas aparentemente sem falhas, e sentiam-se satisfeitos com a ordem aparente que reinava na cidade. Mas, por trás dessa fachada brilhante, a verdade era outra:

quanto mais olhavam para os espelhos, mais perdiam de si mesmos. O espelho não devolvia apenas a imagem que refletia. Ele sugava, silenciosamente, partes da alma, pedaços da verdadeira identidade das pessoas.

## 5.1. O homem sem reflexo

Entre os habitantes de Espelho, havia um homem diferente. Seu nome era Salvo, e, desde muito jovem, ele percebia algo que ninguém mais parecia notar. Quando ele se olhava nos espelhos da cidade, a princípio, via-se como qualquer outro, mas com o passar do tempo, começou a notar uma mudança sutil. Suas feições, antes familiares, começaram a se alterar. Pequenas imperfeições, que nunca haviam estado ali, começaram a surgir. Havia um vazio nos olhos de seu reflexo, uma sensação de estranhamento, como se o homem no espelho fosse alguém diferente.

Salvo começou a evitar os espelhos. Ele caminhava pelas ruas de Espelho tentando manter os olhos fixos no chão, desviando das superfícies brilhantes que cobriam a cidade. Mas era impossível fugir completamente. Os reflexos estavam em toda parte e, cada vez que ele acidentalmente se via em um deles, sentia um desconforto crescente. Parecia que, a cada novo olhar, ele estava perdendo mais de si.

Certa noite, incapaz de suportar mais essa sensação de vazio, Salvo decidiu procurar o Conselho de Sábios. Subiu até o alto da Torre de Cristal, onde os anciãos viviam, cercados pelos mais puros espelhos da cidade. Ao chegar lá, foi recebido por um dos anciãos, um homem de voz serena e aparência idêntica ao seu próprio reflexo. O ancião o conduziu a uma sala cheia de espelhos dispostos em um círculo, onde Salvo se viu multiplicado em centenas de versões de si mesmo.

—O que você quer, Salvo? — perguntou o ancião, com um tom gentil, mas firme.

—Algo está errado comigo — disse Salvo, hesitante. — Sinto que estou me perdendo, cada vez que olho para os espelhos... eu... eu não sou mais o mesmo.

O ancião sorriu, como se esperasse aquela pergunta.

—Você não está se perdendo, Salvo. Está se encontrando. Os espelhos apenas mostram quem você realmente é — disse o ancião.

—Mas não me reconheço mais! — protestou Salvo, agora com um tom de desespero.

O ancião se aproximou de um dos espelhos e, ao tocá-lo, a superfície pareceu ondular como água.

—Os espelhos de Espelho fazem mais do que refletir a sua aparência — explicou o ancião. — Eles revelam a verdade que você esconde de si mesmo. E essa verdade, Salvo, é que você é vazio. Não há nada por trás da sua imagem.

Salvo recuou, chocado.

— Isso é mentira! Eu sou mais do que meu reflexo!

— Será? — perguntou o ancião, com uma tranquilidade perturbadora. — Você passou sua vida, como todos os outros aqui, dependente dos espelhos para se definir. O que você vê é o que você é. E o que você é... é nada.

## 5.2. A jornada além dos espelhos

Salvo deixou a Torre de Cristal com o coração pesado. Ele andou pelas ruas da cidade, cada vez mais atormentado pela ideia de que talvez o ancião estivesse certo. Ele, assim como todos os outros, havia se tornado um prisioneiro dos espelhos, um prisioneiro de sua própria imagem. E essa imagem, com o tempo, havia consumido tudo o que ele era, deixando apenas uma casca vazia. Era como se os espelhos tivessem roubado sua essência, deixando apenas um eco distante de quem ele deveria ser.

Decidido a encontrar respostas, Salvo decidiu fazer algo que ninguém jamais havia feito em Espelho: ele partiria. Contavam-se lendas de que, além das fronteiras da cidade, havia um mundo sem espelhos, onde as pessoas viviam sem ver a si mesmas a todo momento. Um lugar onde a vida não dependia da reflexão constante, onde as pessoas poderiam ser livres de seus próprios reflexos.

A viagem não seria fácil. A cidade de Espelho era cercada por altos muros de vidro e poucos ousavam se aproximar deles. Havia histórias de que aqueles que tentavam atravessar os muros desapareciam, perdidos para sempre no infinito de seus próprios reflexos. Mas Salvo estava determinado. Se ficasse, sabia que acabaria como todos os outros: uma imagem vazia, sem identidade, sem alma.

Com a coragem de quem já não tem mais nada a perder, Salvo caminhou até os limites da cidade. Ao chegar diante do grande muro de vidro, olhou para o seu reflexo uma última vez. O homem que o encarava do outro lado era um estranho — não havia mais brilho em seus olhos, nem qualquer sinal de vida. Apenas um espectro, um fantasma de si mesmo.

Sem hesitar, Salvo atravessou o muro.

## 5.3. O mundo sem reflexos

Do outro lado do muro, o mundo era diferente de tudo o que Salvo já havia visto. Não havia espelhos, nem reflexos. As superfícies eram opacas, o ar era fresco e a luz do sol, que antes parecia duplicar-se em cada pedaço de vidro, agora banhava tudo de maneira suave e natural. As pessoas que ele encontrou eram diferentes também: não tinham a perfeição artificial dos habitantes de Espelho, mas havia uma autenticidade em seus rostos, uma profundidade em seus olhares que ele nunca havia visto antes.

Salvo percebeu que, pela primeira vez, estava realmente vendo as pessoas. E, talvez mais importante, estava começando a se ver – não como um reflexo, mas como alguém real, com pensamentos, sentimentos e uma identidade que não dependia de como ele era visto pelos outros.

Conforme se estabelecia nesse novo mundo, Salvo começou a entender o que os espelhos haviam feito com ele e com sua cidade. Eles haviam criado uma ilusão de perfeição, uma prisão de reflexos que mantinha as pessoas fixas em suas próprias imagens, sem nunca permiti-las crescer ou mudar. Mas, sem espelhos, ele agora via a liberdade: a capacidade de ser imperfeito, de ser humano, de não precisar se definir a todo momento pelo olhar dos outros.

Aos poucos, Salvo começou a esquecer os espelhos. E com isso, começou a se lembrar de quem ele realmente era.

## Conclusão

A "Cidade do Espelho" é uma parábola sobre a alienação moderna, uma reflexão sobre como a sociedade contemporânea, por meio da tecnologia e da necessidade constante de validação, nos aprisiona em imagens que não refletem quem realmente somos. Salvo, ao buscar escapar de sua própria reflexão, simboliza a luta por autenticidade em um mundo cada vez mais controlado por espelhos – não os de vidro, mas os digitais, que nos obrigam a nos ver e nos mostrar incessantemente. A sua jornada é uma busca pela redescoberta do eu, um caminho que todos nós, em algum momento, devemos percorrer.

## NOTA SOBRE O CAPÍTULO: "A CIDADE DO ESPELHO"

A inclusão da parábola "A Cidade do Espelho", neste livro, reflete uma intenção de diálogo com algumas das mais instigantes narrativas da literatura brasileira que abordam a construção da identidade e a subjetividade humana. Entre elas, destacam-se dois contos memoráveis, ambos intitulados **"O Espelho"**: um de **Machado de Assis** e outro de **Guimarães Rosa**. O primeiro, anterior ao advento da psicanálise freudiana, e o segundo, contemporâneo a Lacan, mas ainda sem a divulgação de seus conceitos psicanalíticos, anteveem questões fundamentais sobre o Eu, a alteridade e o olhar do Outro – temas centrais nas teorias psicanalíticas e também abordados neste estudo.

No conto "O Espelho" de Machado de Assis, o personagem Jacobina se vê em uma situação em que sua própria imagem no espelho só se torna visível quando ele veste a farda de alferes, revelando uma identidade que depende da validação social. Esse ponto antecipa o que Lacan pouco tempo depois descreverá como o *estádio do espelho* – o momento em que o sujeito reconhece sua identidade por meio de uma imagem externa, mas que, paradoxalmente, é moldada pela percepção dos outros. A identidade, nessa narrativa, revela-se como uma construção social, dependente do reconhecimento exterior e sempre vulnerável ao vazio da alienação. O conto de Machado propõe, assim, uma crítica à alienação e à fragilidade do Eu, que se descobre perdido na própria imagem que a sociedade impõe.

Em "O Espelho" de Guimarães Rosa, a temática do reflexo e da identidade assume outra nuance. Nesse conto, Rosa apresenta um cenário em que o espelho não é um reflexo fiel do sujeito, mas um portal para dimensões profundas e múltiplas da identidade. Em vez de depender exclusivamente do reconhecimento social, o espelho de Rosa leva o personagem a confrontar aspectos interiores e arquetípicos do Eu. Ele se depara com algo além do que vê, algo enraizado em uma dimensão quase mística e inconsciente, na qual o espelho é símbolo de um Eu que transcende as convenções e limitações sociais. Esse encontro de Rosa com o espelho ressoa com a concepção psicanalítica do inconsciente, especialmente na forma como a psique é uma teia complexa de elementos visíveis e ocultos, pessoais e coletivos, que desafiam a identidade unívoca.

Ambos os contos, em suas perspectivas distintas, servem de inspiração para "A Cidade do Espelho", nossa parábola, ao explorar o dilema entre a identidade como um reflexo das normas e a possibilidade de transcendê-las. Assim como Jacobina e o personagem de Rosa, as personagens de nossa parábola são confrontadas com o espelho social e as neuroses que ele revela. A partir desse diálogo, buscamos iluminar como tanto na psicanálise quanto na literatura o reflexo se transforma em um símbolo poderoso das tensões e desafios da experiência humana, particularmente quando o indivíduo é chamado a superar a imagem esperada e alcançar uma centelha de liberdade e autenticidade.

## CAPÍTULO 6

# RESISTÊNCIA E SUBVERSÃO: A BUSCA PELA AUTONOMIA

Apesar de descrever um sistema de controle difuso e penetrante, Foucault reconhece a possibilidade de resistência. Onde há poder, há também resistência, ainda que ela não se manifeste necessariamente em grandes revoluções. As formas de resistência podem ser gestos sutis de recusa à normalização, ou o que Foucault chama de *práticas de liberdade*. Em consonância com Albert Camus, Foucault sugere que a revolta pode ocorrer nas esferas mais íntimas da vida cotidiana, onde os indivíduos se recusam a ser meros objetos de controle.

A *biopolítica* e o *panoptismo* produzem sujeitos conformados, mas também podem gerar sujeitos que resistem a esses dispositivos de poder. No entanto, essa resistência é muitas vezes abafada pela pressão contínua pela conformidade, especialmente em um contexto no qual a tecnologia e o capitalismo de vigilância se tornaram onipresentes. Como Foucault nos lembra, a resistência não é fácil, mas é sempre possível – e pode surgir onde menos se espera, no cotidiano das relações sociais e nas margens dos dispositivos de poder.

No mundo hiperconectado e vigilante, onde a normalização e a alienação dominam o cenário social, há um movimento crescente e profundo de resistência e subversão. A busca pela autonomia, tanto individual quanto coletiva, surge como uma reação às formas de controle sutis e explícitas que moldam a subjetividade contemporânea. Este capítulo explora as estratégias de resistência que emergem no século XXI, destacando como diferentes vozes filosóficas, psicanalíticas e sociológicas contribuem para o entendimento de como os sujeitos podem se emancipar das amarras do poder, do *panoptismo* e da *biopolítica*.

Ao longo da história, os movimentos de resistência foram marcados por lutas tangíveis, como revoluções políticas e protestos sociais. No entanto, no contexto moderno, a resistência assume uma complexidade nova e multifacetada, uma vez que as estruturas de controle não se restringem a forças externas, mas invadem a própria constituição do sujeito. A resistência, portanto, não pode mais ser vista apenas como oposição direta ao poder, mas como um esforço profundo para recuperar o próprio eu das mãos das forças normativas que tentam aprisioná-lo.

## 6.1. A construção do sujeito autônomo

A partir de uma síntese entre o pensamento psicanalítico de Freud e Lacan e as teorias de Foucault, podemos afirmar que a maior neurose social do século XXI é a neurose da *conformidade* e da *autovigilância*. Vivemos em uma era onde o sujeito é disciplinado por meio de dispositivos de poder invisíveis, que se manifestam nas redes sociais, no ambiente de trabalho, nas instituições de saúde e até nos espaços de lazer. Esses mecanismos de controle criam sujeitos que se autocensuram e se conformam às expectativas normativas, gerando uma nova forma de neurose coletiva.

Contudo, seguindo a lógica foucaultiana, onde há *poder*, há também a possibilidade de *resistência*. A recusa em se submeter aos dispositivos de controle, o questionamento das normas de desempenho e produtividade, e a busca por formas alternativas de subjetivação podem ser caminhos para a reconquista da autonomia. Assim, o sujeito pode, ao reconhecer e resistir às formas de controle invisíveis, redescobrir sua liberdade e sua capacidade de ação

No entanto, há também um potencial de revolta, de questionamento dessas normas e de busca por uma autenticidade perdida. A resposta ao controle invisível pode ser uma forma de "revolta camusiana", ou uma redescoberta da liberdade por meio da recusa às exigências da normalização.

Assim como Foucault sugere, onde há poder, há também possibilidade de resistência.

Para compreendermos a resistência moderna, precisamos primeiro entender o que significa autonomia. A autonomia, em termos filosóficos, refere-se à capacidade de um indivíduo de agir e pensar de acordo com suas próprias leis e princípios, em vez de ser governado por influências externas. Kant, um dos maiores defensores da autonomia moral, em *Fundamentação da Metafísica dos Costumes* (1785), propõe que a verdadeira liberdade só pode existir quando os seres humanos são capazes de legislar para si mesmos, guiados pela razão. No entanto, em um mundo onde o poder biopolítico define a norma e a produtividade é imposta como um imperativo social, essa autonomia se torna cada vez mais difícil de alcançar.

Aqui, encontramos a relevância da psicanálise, que nos oferece uma compreensão das dinâmicas inconscientes que moldam a subjetividade. Freud, em seus estudos sobre a neurose, já observava que o sujeito está sempre dividido entre suas pulsões inconscientes e as pressões sociais. Lacan, posteriormente, aprofunda essa noção, descrevendo o sujeito como sempre alienado em relação ao desejo do Outro. Em uma sociedade dominada pelo controle normativo e pelo espetáculo do capitalismo, a questão que se coloca é: como o sujeito pode resistir a essa alienação e encontrar um espaço de autonomia?

Para Foucault, a resistência não se limita a uma oposição direta ao poder, mas ocorre nas fissuras e nos desvios das práticas normativas. Segundo ele, o poder e a resistência estão sempre interligados, como dois lados de uma mesma moeda. Não existe poder sem resistência, e é nas práticas cotidianas de contestação, nas pequenas rupturas e nas micropráticas de liberdade que a autonomia pode começar a surgir. Para Foucault, a resistência é uma forma de "ética da existência", em que o sujeito transforma a si mesmo em um ato de subversão.

## 6.2. Biopolítica e a necessidade de resistência

A noção de *biopolítica*, amplamente discutida por Foucault, refere-se ao controle exercido pelas instituições e pelo Estado sobre a vida dos indivíduos, não apenas em termos de legislação e política, mas também na forma como moldam corpos, comportamentos e subjetividades. A *biopolítica* organiza o corpo social de maneira disciplinar, criando uma rede de normas e regulamentos que se infiltram nas práticas cotidianas, nos hábitos e nas formas de pensar dos indivíduos. Como resultado, o sujeito moderno é constantemente vigiado, controlado e, muitas vezes, levado a se autopoliciar.

Dentro dessa lógica, o poder biopolítico não impõe suas regras de maneira visível, mas funciona como uma rede invisível, na qual o indivíduo torna-se cúmplice de sua própria dominação. A normatização, imposta pela *biopolítica*, convence o sujeito de que suas escolhas e comportamentos são autônomos, quando, na verdade, estão conformados a padrões de produtividade, eficiência e conformidade. O sistema educativo, as instituições de saúde, o mercado de trabalho e até mesmo os mecanismos de vigilância digital contribuem para a construção de corpos dóceis e mentes submissas.

Entretanto, dentro dessa *biopolítica* do controle, surgem práticas de resistência. Essas práticas podem ser vistas nas formas de vida alternativas que se recusam a se submeter à normatividade imposta, nas manifestações artísticas e culturais que subvertem as expectativas sociais e nos movimentos sociais que desafiam as estruturas hegemônicas. A resistência *biopolítica*, portanto, não é apenas um ato político no sentido tradicional, mas um processo de criação de novas subjetividades, nas quais o sujeito recusa as formas de controle e busca novas maneiras de ser.

## 6.3. Subversão e criação: práticas de liberdade

O ato de subverter, na modernidade, assume diversas formas. Não se trata mais de uma subversão direta ao poder político ou econômico, mas de uma subversão que ocorre nos detalhes, nas margens da experiência cotidiana. Gilles Deleuze e Félix Guattari, dois filósofos contemporâneos, trouxeram à tona o conceito de "linhas de fuga", formas pelas quais os indivíduos e coletividades podem escapar das estruturas de controle e criar novos modos de existência. Para eles, o sujeito pode resistir às forças de captura que o prendem ao sistema ao buscar sempre novas formas de expressão, criatividade e conexão.

Na prática, essa subversão manifesta-se de diversas maneiras. A recusa ao consumo desenfreado, o ativismo ambiental, o abandono das mídias sociais ou a busca por alternativas econômicas, como cooperativas e moedas locais, são exemplos de práticas subversivas. Essas práticas não necessariamente derrubam o sistema em uma revolução repentina, mas vão criando realidades paralelas que podem, eventualmente, minar o sistema de dentro para fora.

Além disso, o processo de subversão também pode ser visto na criação artística e cultural. Artistas, escritores, músicos e cineastas têm historicamente sido forças de resistência ao status quo, utilizando suas criações para expor as falhas do sistema, criticar as normas sociais e abrir espaço para novas formas de pensar e ser. Em um mundo onde a imagem e o espetáculo dominam, a arte pode ser um veículo poderoso de subversão, ao rejeitar as normas estabelecidas e propor alternativas.

Um exemplo emblemático disso pode ser visto no trabalho de Michel Foucault, que destaca a importância da "estética da existência". Para ele, o processo de resistência é também um processo de autoformação, no qual o sujeito constrói sua própria vida como uma obra de arte. Resistir ao poder significa, para Foucault, criar formas de subjetividade, recusar a normatização e inventar maneiras alternativas de viver. Esse processo, porém, não é fácil. A resistência exige coragem, criatividade e, acima de tudo, uma vontade de se transformar.

## 6.4. A resistência digital e o controle tecnológico

Nos dias de hoje, uma das formas mais prementes de controle é o controle digital. A tecnologia, com seu alcance global, oferece ao poder biopolítico um meio inigualável de vigiar, controlar e normatizar os indivíduos. Redes sociais, algoritmos, inteligência artificial e grandes corporações tecnológicas exercem um controle silencioso, mas implacável, sobre as subjetividades modernas. Os dados pessoais dos indivíduos são coletados, analisados e vendidos, transformando a vida cotidiana em um vasto mercado de informação.

Nesse contexto, a resistência digital emerge como uma necessidade urgente. Hackers, defensores da privacidade e ativistas cibernéticos lutam contra o controle tecnológico, tentando restaurar algum nível de autonomia em um mundo onde cada ação on-line é monitorada. Para Foucault, o *panoptismo* é uma metáfora poderosa do controle moderno: assim como na prisão panóptica, os indivíduos modernos são constantemente vigiados, sem saber exatamente quando ou por quem. Essa vigilância invisível cria um efeito de autocensura, em que o sujeito, acreditando que está sempre sendo observado, molda seu comportamento para se adequar às expectativas normativas.

Porém, apesar do poder da vigilância digital, existem formas de resistência que surgem dentro do próprio sistema. A criptografia, as redes descentralizadas e os movimentos de *software* livre são exemplos de como o controle tecnológico pode ser subvertido. Esses movimentos, embora técnicos, têm uma dimensão política clara: ao recusar a hegemonia das grandes corporações tecnológicas e do Estado, eles propõem uma forma alternativa de viver no espaço digital, onde a privacidade e a liberdade são valorizadas acima da conveniência e do lucro.

Além disso, a resistência digital também assume formas culturais. O uso subversivo das mídias sociais para promover movimentos sociais, como o Black Lives Matter ou os protestos contra regimes autoritários, mostra como a própria ferramenta de controle pode ser usada para desafiar o sistema. Os memes, as campanhas virais e os movimentos digitais de massa são formas contemporâneas de resistência, onde a criatividade e a comunicação tornam-se armas poderosas contra o controle.

## 6.5. A busca por autonomia psíquica e emocional

Se as resistências digital e social são vitais, a resistência mais profunda talvez ocorra no nível psíquico e emocional. Na era da produtividade e da hiperconectividade, os indivíduos enfrentam uma pressão constante para se adaptar, ser eficientes e estar sempre disponíveis. Essa pressão, como vimos nos capítulos anteriores, gera uma série de neuroses e formas de alienação. Resistir a essas demandas significa, em última análise, recuperar a autonomia psíquica e emocional, um processo que exige tanto introspecção quanto ação.

A psicanálise moderna, bem como as tradições filosóficas existencialistas, nos oferecem ferramentas valiosas para essa resistência interna. Ao reconhecer as dinâmicas inconscientes que nos prendem às normas sociais, podemos começar a questioná-las e, eventualmente, superá-las. A análise pessoal, a meditação, as práticas de *mindfulness* e a desconexão tecnológica são formas de resistência que ajudam o sujeito a recuperar seu equilíbrio psíquico e emocional, permitindo que ele encontre sua própria voz em meio ao caos do mundo moderno.

A busca pela autonomia psíquica também envolve uma reavaliação dos valores que governam nossas vidas. Em um mundo onde o sucesso é medido pela produtividade e pelo consumo, resistir significa redefinir o que é verdadeiramente valioso. A autonomia não é apenas a capacidade de agir por si mesmo, mas também de definir o que é importante. Esse processo de redefinição exige uma resistência ativa às mensagens normativas que nos bombardeiam diariamente, e uma busca por significado pessoal e coletivo em um mundo que muitas vezes parece vazio.

## 6.6. Conclusão: a resistência como forma de vida

A resistência no século XXI não é uma luta simples ou linear. Ela ocorre em múltiplos níveis – social, digital, psíquico – e assume diferentes formas, desde a subversão silenciosa até a revolta aberta. No entanto, em todas as suas formas, a resistência é essencial para a preservação da autonomia e da liberdade em um mundo que tenta, cada vez mais, controlar e normatizar a vida.

Como nos lembra Foucault, a resistência não é apenas um ato político, mas uma forma de vida. É a prática constante de se recusar a ser conformado pelo poder e de buscar sempre novas formas de ser e de viver. Resistir é, em última análise, uma questão de existência – de afirmar a própria subjetividade contra as forças que tentam moldá-la e de criar espaços de liberdade em um mundo cada vez mais fechado

CAPÍTULO 7

# CONCLUSÃO: PARA ALÉM DO ESPELHO, A LIBERDADE

Ao olharmos para trás e vermos o que construímos ao longo desta obra, é impossível não nos depararmos com a presença imponente do "espelho" como metáfora da modernidade. O espelho reflete não apenas quem somos, mas mais importante, o que a sociedade projeta sobre nós e o que internalizamos de forma inconsciente. Em uma era hiperconectada, biopoliticamente regulada e psíquica e socialmente alienante, o espelho nos mostra uma versão de nós mesmos que, muitas vezes, está distante de quem realmente somos ou do que poderíamos ser. Esta obra, então, é um convite à subversão dessa imagem, à destruição de sua hegemonia. Ela é um chamado à liberdade que se encontra além do espelho — não a liberdade fácil, romântica ou ingênua, mas a liberdade radical, conquistada pela resistência e pela transformação de si mesmo.

Ao longo dos capítulos, exploramos a vigilância panóptica que nos molda, a neurose da normalização que nos prende à produtividade incessante e a alienação da hiperconectividade que dissolve a identidade individual em fluxos de dados. Analisamos, com a ajuda de Freud, Lacan, Foucault e tantos outros, as amarras que restringem a autonomia e a capacidade do sujeito de se enxergar além da moldura imposta pelo poder. No entanto, este capítulo conclusivo busca ir além das constatações críticas. Ele é um apelo à ação, à transgressão e à reconquista da autonomia. É, acima de tudo, um manifesto pela liberdade.

A liberdade, neste sentido, não pode ser encarada como um dado, um direito simplesmente garantido pelas instituições políticas. Ela não está automaticamente assegurada por sistemas democráticos ou constituições jurídicas. Tampouco é algo que se atinge com uma simples negação do poder, como se o ato de rejeitar as normas sociais fosse suficiente para nos libertar. Pelo contrário, a liberdade é uma prática ativa, que exige trabalho constante, reflexão crítica e resistência a tudo o que nos aprisiona — tanto externa quanto internamente. Para ir além do espelho, é preciso não só rejeitar o reflexo, mas também compreender a estrutura que sustenta o espelho, desmontá-la e criar algo novo em seu lugar.

## 7.1. Reflexões críticas: redefinindo a identidade

Antes de qualquer tentativa de libertação, é necessário que se dê o primeiro passo: a desconstrução da identidade como foi construída pelo olhar do Outro. Lacan nos ensinou que o sujeito é, desde o início, um ser alienado, preso no desejo do Outro. Desde a infância, somos submetidos a um processo de identificação que molda quem somos de acordo com as expectativas, normas e desejos daqueles que nos cercam. O espelho, portanto, não reflete uma verdade essencial sobre o sujeito, mas sim uma construção social. Desconstruir esse reflexo é o primeiro ato de resistência. Mas como fazê-lo?

Foucault nos oferece uma pista ao propor a "estética da existência". Ele argumenta que a verdadeira liberdade não está em simplesmente escapar das normas, mas em criar uma nova forma de vida. Isso significa que a liberdade não pode ser passiva, mas sim ativa, criativa e transformadora. Não basta rejeitar as identidades impostas pela *biopolítica*, pela cultura de produtividade ou pela hiperconectividade digital; é preciso inventar novas maneiras de ser, de viver e de se relacionar com o mundo. Essa criação, entretanto, não é um processo isolado. Ela ocorre em um contexto social e político que deve ser transformado junto do sujeito.

A desconstrução da identidade envolve também a recuperação do corpo como espaço de liberdade. O corpo, na modernidade, foi transformado em objeto de controle biopolítico, submetido a regimes de saúde, beleza e disciplina que o despojam de sua autonomia. No entanto, o corpo é também um lugar de resistência. Por meio dele, podemos subverter as normas que nos aprisionam, encontrar novas formas de prazer e conexão e criar uma nova relação com o mundo. Essa subversão corporal é uma forma poderosa de resistência, pois desafia diretamente o poder que tenta nos governar.

## 7.2. Identidade em crise: o impacto das normas sociais

Se a desconstrução da identidade é o primeiro passo para a liberdade, a libertação psíquica é o segundo. A modernidade, como discutido anteriormente, é marcada por uma série de neuroses que afetam profundamente o sujeito. A neurose da produtividade, a alienação da hiperconectividade, a ansiedade da vigilância constante – todas essas forças moldam o sujeito contemporâneo de maneiras profundas, muitas vezes levando ao sofrimento mental e à perda de autonomia.

Aqui, a psicanálise oferece uma ferramenta indispensável para a libertação. Freud já havia identificado, em seus primeiros estudos sobre a neurose, que o inconsciente é o campo de batalha onde se trava a luta pela autonomia psíquica. O inconsciente, com seus desejos reprimidos e traumas não resolvidos, é o local em que o poder social se inscreve no sujeito. Portanto, a libertação psíquica passa necessariamente pela análise desses processos inconscientes e pela tentativa de recuperá-los. Como Lacan enfatiza, o inconsciente é estruturado como uma linguagem, e é por meio da linguagem – seja ela falada ou escrita – que podemos começar a reescrever nossa própria história.

No entanto, a psicanálise sozinha não pode nos levar à liberdade. Ela é apenas uma ferramenta, um meio de entender os processos psíquicos que nos aprisionam. A verdadeira libertação psíquica só pode ser alcançada quando essa compreensão é colocada em prática, por meio da transformação das condições sociais e políticas que geram essas neuroses. É preciso, portanto, ir além da análise individual e buscar uma mudança estrutural mais ampla.

Se a desconstrução da identidade é o ponto de partida para a libertação, ela se traduz em um desmantelamento das categorias fixas que constituem o sujeito na modernidade. Identidades constituídas pela rigidez de papéis de gênero, raça, classe e sexualidade são construções históricas que limitam a autonomia do sujeito. Nesse sentido, o pensamento de autores como Michel Foucault é essencial para entender como a identidade é uma forma de controle disciplinar, gerida pelas instituições e pelas normas sociais. Foucault mostra que o sujeito não é uma entidade fixa, mas uma construção histórica – sujeito aos regimes de poder que determinam o que é considerado "normal" ou "desviante". A liberdade, assim, não é apenas a liberação das amarras psíquicas internas, mas a ruptura com os dispositivos de poder que produzem o sujeito como objeto de controle.

Ao avançar para a libertação psíquica, a psicanálise, desde Freud, identifica o inconsciente como o campo de batalha da autonomia do sujeito. Freud argumenta que é na esfera inconsciente que os traumas e repressões se acumulam, muitas vezes inconscientemente moldando as ações e pensamentos do indivíduo. O inconsciente, porém, não é um domínio isolado das forças externas: ele é também o local de inscrição do poder social, uma arena onde o "superego" – constituído pelas normas culturais e morais internalizadas – exerce seu domínio sobre o "ego" do sujeito. É aqui que a análise de Lacan, que considera o inconsciente como estruturado pela linguagem, enriquece a abordagem: a linguagem não é apenas o meio de comunicação, mas o próprio terreno onde a identidade se constrói, se desconstrói e, potencialmente, se liberta.

No entanto, o cerne da questão está na insuficiência da psicanálise como método isolado para a libertação. A psicanálise, em sua profundidade e complexidade, nos oferece as ferramentas para compreender os processos inconscientes que nos aprisionam, mas essa compreensão individual é insuficiente sem uma transformação das condições sociais e políticas. Assim como Slavoj Žižek argumenta em sua releitura de Lacan, a psicanálise, ao revelar as ilusões do sujeito, não pode resolver os problemas estruturais que estão na raiz do sofrimento psíquico contemporâneo. A neurose da produtividade, a alienação da hiperconectividade e a ansiedade da vigilância constante são produtos de um sistema econômico e cultural que subordina o sujeito à lógica do capital, da eficiência e do consumo. Essas forças externas moldam o inconsciente tanto quanto os traumas individuais.

Portanto, a libertação psíquica e social requer um duplo movimento: por um lado, uma análise rigorosa dos processos inconscientes e, por outro, uma crítica radical das estruturas de poder que perpetuam essas neuroses. Este é o ponto em que a teoria crítica marxista entra em cena. Marx já havia identificado que a alienação é, antes de tudo, um fenômeno material, produzido pelas condições de trabalho e pelo sistema econômico que transforma o sujeito em mercadoria. A modernidade capitalista exacerba essa alienação, intensificando as demandas de produtividade e vigilância que escravizam o sujeito contemporâneo. A solução, então, não está apenas em um processo de análise introspectiva, mas em um projeto de transformação social coletiva.

O conceito de alienação como fenômeno material produzido pelas condições de trabalho e pelo sistema econômico é amplamente discutido por Karl Marx em sua obra *Manuscritos Econômico-Filosóficos* de 1844. Nesse texto, Marx aborda como, no sistema capitalista, o trabalhador é alienado em quatro dimensões: do produto de seu trabalho, do processo de trabalho, de sua essência humana e de seus semelhantes. Ele mostra como o trabalho, ao ser transformado em mercadoria, resulta na alienação do sujeito e na perda de sua autonomia. Essa alienação material é a base da crítica marxista às condições de exploração no capitalismo e às formas de dominação que ele perpetua.

Além disso, o conceito de mercantilização do sujeito é aprofundado por Marx em *O Capital* (1867). Na obra, ele expande a análise da alienação e demonstra como o sistema de produção capitalista transforma o trabalho em uma mercadoria, exacerbando a divisão entre os trabalhadores e os produtos que criam, bem como entre os trabalhadores e o próprio processo de trabalho.

Nesse sentido, a "libertação psíquica" depende de uma intervenção política que subverta as condições materiais que geram sofrimento. A crítica ao neoliberalismo, por exemplo, revela como a subjetividade contemporânea é moldada pelo imperativo da competição, da autogestão e do empreendedorismo de si mesmo, exacerbando a ansiedade e o isolamento.

A emancipação do sujeito requer, assim, a construção de uma nova ordem social baseada em relações não hierárquicas e em uma economia que priorize o bem-estar coletivo sobre o lucro individual.

A verdadeira solução para a libertação, portanto, reside na articulação entre a psicanálise e a crítica social. A psicanálise nos ajuda a compreender como o inconsciente está aprisionado pelos processos de repressão e trauma, mas apenas a transformação das estruturas sociais pode eliminar as causas materiais dessas neuroses. Ao colocar em prática a compreensão psicanalítica dos processos inconscientes, deve-se também engajar em um projeto político que busque alterar as condições de trabalho, de vida e de convivência que geram as formas de sofrimento identificadas. É nesse diálogo entre o psíquico e o social, entre o inconsciente e a história, que a libertação se realiza em sua plenitude.

Em síntese, a libertação psíquica é uma tarefa incompleta se não se articula à transformação das condições sociais que inscrevem o poder no inconsciente. A solução, portanto, não é apenas uma análise introspectiva, mas uma ação política coletiva que subverta o sistema de dominação que, desde o início, molda o sujeito. Como já dissera Marx, a libertação do sujeito está ligada à libertação da humanidade – e isso só pode ser alcançado pela transformação radical das relações de poder que governam nossa existência.

## 7.3. A dialética da liberdade: entre poder e resistência

Em um mundo cada vez mais digitalizado, a liberdade não pode ser concebida sem uma crítica profunda ao papel da tecnologia na modernidade. Como vimos ao longo deste livro, a tecnologia é uma ferramenta de controle poderosa, utilizada tanto pelos Estados quanto pelas corporações para vigiar, manipular e normatizar os indivíduos. No entanto, ela também é um campo de luta, no qual novas formas de resistência podem surgir.

A revolução digital, que prometia democratizar o conhecimento e conectar o mundo, acabou se tornando um novo panóptico, onde os indivíduos são constantemente monitorados e suas ações registradas e analisadas por algoritmos. Nesse sentido, a tecnologia não é neutra; ela reflete as relações de poder da sociedade. Entretanto, como Foucault nos ensinou, onde há poder, há resistência. E a tecnologia também oferece novas oportunidades de subversão.

A criptografia, as redes descentralizadas e as novas formas de organização digital são apenas algumas das maneiras pelas quais os indivíduos podem resistir ao controle tecnológico. Mas a resistência digital vai além da simples recusa à vigilância. Ela envolve a criação de novas formas de comunicação, novas plataformas que não estejam sujeitas ao controle das grandes corporações e novos modos de organização social que aproveitem o poder da tecnologia para emancipar, em vez de controlar.

## 7.4. Práticas libertadoras: cultivando a autonomia coletiva

O espelho, que tem sido uma metáfora central ao longo desta obra, representa a alienação do sujeito na modernidade. Ele reflete uma imagem distorcida, construída pelas forças do poder biopolítico, pela vigilância tecnológica e pelas normas sociais. Mas o espelho também pode ser quebrado. E, quando ele se quebra, surgem novas possibilidades de ver e de ser.

A libertação, portanto, não é um retorno a uma essência perdida, a uma "verdadeira" identidade que existia antes do espelho. Ela é, ao contrário, um processo de reinvenção constante. O sujeito que emerge do espelho quebrado não é o mesmo que estava ali antes. Ele é um novo sujeito, construído a partir da resistência, da subversão e da criação. Ele é um sujeito autônomo, que não se define pelas normas impostas, mas que cria suas próprias regras, suas próprias formas de ser e de viver.

Essa reinvenção é um processo contínuo, que nunca está completo. A liberdade, como Foucault nos lembra, não é um estado final, mas uma prática constante. Ela exige vigilância, criatividade e coragem. Mas, acima de tudo, ela exige que o sujeito esteja disposto a questionar a si mesmo, a desconstruir suas próprias crenças e a se reinventar constantemente.

## 7.5. Desconstruindo o espelho: a subversão da identidade

O ato de desconstruir o espelho, como metáfora de toda a construção social de identidade, é essencial para compreender a ideia de liberdade. A sociedade contemporânea impõe, de modo quase invisível, camadas e camadas de identidade que não são simplesmente "quem somos", mas sim o reflexo daquilo que o poder espera que sejamos. Essa construção é marcada desde os primórdios pela normatização de corpos, comportamentos e desejos. No espelho, o sujeito vê refletido um ideal que lhe foi imposto, não uma verdade sobre si.

A desconstrução desse reflexo começa com a percepção de que o "eu" refletido não é apenas resultado da experiência individual, mas uma fabricação coletiva. Desde o primeiro momento em que nos reconhecemos no olhar do outro, já estamos presos a uma forma de alienação. Como Lacan destaca em sua teoria do estágio do espelho, a identidade é constituída de fora para dentro, um processo de reconhecimento que nos insere no campo simbólico, no mundo da linguagem e das normas sociais. A liberdade, portanto, não pode ser simplesmente um retorno ao "eu verdadeiro", porque tal "eu" não existe sem essas influências externas. Em vez disso, a verdadeira liberdade reside na capacidade de reescrever essa história.

Foucault, em sua análise sobre a subjetivação, reforça que o poder age sobre nós, não apenas por meio de coerções diretas, mas pela moldagem dos modos como nos entendemos e como nos comportamos. Ele chama isso de "poder disciplinar", que opera invisivelmente, moldando nossos corpos e mentes para que nos conformemos com os ideais socialmente estabelecidos. O poder, aqui, é sutil e eficaz, penetrando nas minúcias da vida cotidiana e moldando até mesmo os aspectos mais íntimos da nossa existência. Por meio da *biopolítica*, o controle do corpo e da mente se dá em larga escala, por meio de mecanismos que parecem naturais ou necessários – a gestão da saúde, da sexualidade, da produtividade.

A subversão dessa identidade fabricada, portanto, exige que sejamos capazes de ver além do espelho, além da construção simbólica que nos aprisiona. Isso envolve uma prática de resistência que começa dentro de nós mesmos, um processo contínuo de questionamento e desconstrução de nossas próprias crenças e comportamentos, que foram moldados por essas forças invisíveis. Essa subversão, no entanto, não pode ser solitária. Ela é tanto pessoal quanto coletiva, e deve ser sustentada por uma crítica constante das estruturas de poder que moldam nossas vidas.

Nesse contexto, Foucault nos oferece a ideia de uma "estética da existência". Aqui, a liberdade não é um estado a ser alcançado, mas uma prática contínua de criação de si mesmo. O sujeito livre não é aquele que rompe definitivamente com as normas, mas aquele que constantemente as questiona, que experimenta novos modos de ser e de viver. Esse sujeito é, em certo sentido, um artista da vida, alguém que cria sua própria existência com base em princípios éticos e estéticos que ele mesmo construiu, e não simplesmente aqueles que lhe foram impostos.

A subversão da identidade, então, não é uma rejeição passiva das normas, mas uma reinvenção ativa do eu. Ao desconstruir o reflexo no espelho, o sujeito ganha a possibilidade de se ver de outra maneira, de criar formas de ser. E essa criação não é um ato solitário, mas algo que acontece no contexto de uma sociedade que, também, precisa ser transformada.

## 7.6. A libertação psíquica: rompendo com as neuroses da modernidade

As neuroses modernas, como exploradas nos capítulos anteriores, são uma reação direta às pressões que a sociedade contemporânea exerce sobre o sujeito. A neurose da produtividade, por exemplo, é o reflexo da expectativa social de que o indivíduo seja constantemente eficiente, produtivo e útil. A alienação da hiperconectividade, por sua vez, reflete a fragmentação do sujeito em um mundo digital onde o tempo e o espaço são distorcidos pelas redes sociais e pela tecnologia. Todos esses fenômenos geram um sofrimento psíquico que pode ser compreendido por meio da psicanálise.

A libertação psíquica, nesse sentido, passa pelo reconhecimento dessas neuroses e pela busca de formas de resistir a elas. Freud nos ensina que o inconsciente é o local onde esses conflitos se manifestam, e que é apenas ao trazer esses conflitos à consciência que podemos começar a lidar com eles. A psicanálise, então, torna-se uma ferramenta essencial para a libertação, porque nos permite acessar essas camadas mais profundas da psique e entender como os mecanismos sociais se inscrevem em nosso inconsciente.

No entanto, como Lacan nos lembra, o inconsciente não é uma entidade isolada do mundo social. Ele é estruturado como uma linguagem, e essa linguagem é, em grande parte, moldada pelas normas e expectativas sociais. Portanto, a libertação psíquica não é apenas uma questão de autoanálise, mas também de análise crítica das estruturas sociais que moldam o inconsciente. Isso implica que a liberdade psíquica e a liberdade social estão profundamente interligadas.

Foucault contribui para essa discussão ao trazer o conceito de "tecnologias do eu", práticas por meio das quais os indivíduos podem transformar a si mesmos. Essas tecnologias são formas de resistência, maneiras pelas quais os sujeitos podem, de forma ativa, desafiar as normas que os governam. A psicanálise, nesse sentido, pode ser vista como uma dessas tecnologias, uma prática por meio da qual o sujeito pode recuperar a autonomia psíquica. Mas, novamente, essa autonomia não pode ser entendida como algo que acontece no vácuo. Ela depende de uma crítica constante das condições sociais que criam as neuroses em primeiro lugar.

O sujeito, então, deve engajar-se em uma prática contínua de autocrítica e transformação, questionando não apenas suas próprias neuroses, mas também as forças que as geram. E isso requer coragem, porque a desconstrução da identidade e a libertação psíquica são processos dolorosos. Eles envolvem o rompimento com formas de ser que, embora prejudiciais, nos fornecem um senso de segurança e estabilidade. A liberdade, nesse sentido, é uma prática arriscada, mas é também a única maneira de escapar das neuroses que nos aprisionam.

## 7.7. A revolução digital: subvertendo o controle tecnológico

A revolução digital, como discutido anteriormente, trouxe consigo a promessa de uma maior liberdade e conectividade. No entanto, como também vimos, essa revolução acabou se transformando em uma nova forma de controle, em que o sujeito está cada vez mais vigiado e manipulado por algoritmos e grandes corporações. A liberdade, nesse contexto, parece cada vez mais inalcançável, à medida que as tecnologias que deveriam nos libertar acabam nos aprisionando em novas formas de alienação e controle.

Foucault já havia antecipado essa forma de controle ao discutir o conceito de *biopolítica*, onde o poder não se manifesta apenas por meio da coerção física, mas também por meio da gestão e do controle da vida em si. Na era digital, esse controle se manifesta por meio da coleta massiva de dados, da vigilância constante e da manipulação dos comportamentos dos indivíduos. As plataformas digitais, longe de serem espaços neutros de comunicação, são arenas nas quais as relações de poder se manifestam de maneiras novas e muitas vezes invisíveis.

A resistência a esse controle, então, deve começar com uma compreensão crítica de como a tecnologia funciona e de como ela é utilizada para governar os sujeitos. Isso não significa rejeitar a tecnologia de forma simplista, mas encontrar maneiras de utilizá-la de forma subversiva, para resistir ao controle e criar novas formas de liberdade. A criptografia, as redes descentralizadas e as tecnologias de privacidade são apenas algumas das maneiras pelas quais os indivíduos podem resistir à vigilância digital.

Além disso, a subversão digital envolve também a criação de novas formas de comunidade e de organização política. As tecnologias digitais oferecem novas possibilidades para a criação de redes de resistência que não estão sujeitas ao controle centralizado das grandes corporações ou dos Estados. Essas redes podem ser utilizadas para compartilhar conhecimento, organizar movimentos sociais e criar novas formas de vida que desafiem as normas da sociedade contemporânea.

Nesse sentido, a revolução digital não é apenas uma ameaça à liberdade, mas também uma oportunidade para a criação de novas formas de resistência. Ela oferece as ferramentas para a subversão do controle, mas cabe aos indivíduos aprenderem a utilizá-las de maneira crítica e criativa.

## 7.8. A busca pela autonomia: práticas de resistência

A autonomia não é um dado adquirido; é um processo que exige esforço contínuo e crítica das condições que nos cercam. Essa busca pela autonomia está diretamente ligada à capacidade de agir e pensar fora das normas impostas. Na visão de Foucault, a autonomia pode ser alcançada por meio do que ele chama de "práticas de liberdade", que envolvem não apenas a resistência ao poder, mas também a criação de novas formas de ser e de viver.

Essas práticas são diversas e podem incluir a educação crítica, a autoanálise e o ativismo político. A educação crítica é fundamental porque nos permite desmascarar as ideologias que sustentam o controle social. Quando aprendemos a questionar as verdades estabelecidas e a explorar diferentes perspectivas, começamos a ver além do espelho que nos foi apresentado. A prática da autoanálise, por sua vez, nos ajuda a entender como as normas e expectativas sociais se inscrevem em nosso inconsciente, permitindo-nos desconstruir essas influências e buscar novas formas de ser.

O ativismo político, especialmente nas redes sociais, também se revela uma ferramenta poderosa na luta pela autonomia. Ao organizar-se em torno de questões sociais e políticas, os indivíduos podem desafiar as estruturas de poder e exigir mudanças significativas. O ativismo não precisa ser um ato heroico ou grandioso; muitas vezes, são as pequenas ações e as vozes coletivas que têm o maior impacto. As redes sociais, apesar de suas limitações e riscos, oferecem um espaço onde essas vozes podem se unir e ressoar, criando formas de solidariedade e resistência.

A autonomia, como uma construção dinâmica e processual, transcende qualquer noção de um estado fixo ou predeterminado, revelando-se como um processo contínuo de crítica, resistência e criação. Michel Foucault, em seu vasto trabalho sobre o poder e o sujeito, delineia um caminho para pensar a autonomia não como uma qualidade individualista e isolada, mas como uma prática de liberdade que exige um esforço deliberado e reflexivo para resistir às normas e às imposições das estruturas de poder. Essa busca pela autonomia é, ao mesmo tempo, uma prática ética e política, que envolve tanto o autoconhecimento quanto a transformação coletiva das condições sociais.

Foucault, em **A Hermenêutica do Sujeito**, editado pela Editora Martins Fontes em 2004, sublinha que o processo de constituição da autonomia está diretamente ligado à capacidade de agir e pensar fora das normas impostas. Essas normas, frequentemente naturalizadas pelas estruturas de poder, tornam-se invisíveis aos olhos dos sujeitos que, inconscientemente, internalizam os valores e as expectativas que regulam suas condutas. A autonomia, portanto, exige uma ruptura com essa normalização, um distanciamento crítico que permita ao sujeito ver-se como agente de sua própria existência, em vez de mero produto das condições que o cercam. Nesse sentido, a autonomia envolve a capacidade de resistir, mas também a capacidade de reinventar a si mesmo, de criar novas formas de ser, viver e interagir com o mundo.

## 7.8.1. Práticas de liberdade: resistência e criação

No pensamento foucaultiano, as práticas de liberdade são fundamentais para a construção da autonomia. Essas práticas, que podem ser diversas, incluem desde a resistência aos mecanismos de poder até a criação ativa de novas formas de subjetividade. Foucault não vê o poder apenas como um aparato repressor, mas também como algo que se infiltra em todos os aspectos da vida social, moldando nossas identidades e condutas. Nesse sentido, a resistência ao poder não é apenas uma negação ou uma recusa, mas envolve a capacidade de imaginar e instituir formas alternativas de ser.

Foucault argumenta que a autonomia é uma prática ativa, que exige do sujeito uma constante vigilância sobre as formas de poder que tentam capturá-lo. Isso significa que a busca pela autonomia não se resume a um simples afastamento das normas vigentes, mas implica em um engajamento crítico e criativo com essas normas. Como Foucault expressa em *A Coragem da Verdade*, publicado pela Editora Martins Fontes em 2011, a autonomia manifesta-se como um "cuidado de si" – um trabalho constante que o sujeito faz sobre si mesmo para manter sua liberdade frente às imposições externas. Essa prática envolve tanto uma dimensão ética, no sentido de como o sujeito se relaciona consigo mesmo, quanto uma dimensão política, no sentido de como ele se posiciona em relação às estruturas de poder que tentam regulá-lo.

## 7.8.2 Educação crítica: o desmascaramento das ideologias

Uma das práticas fundamentais para a conquista da autonomia é a educação crítica, que permite ao sujeito desmascarar as ideologias que sustentam o controle social. Foucault sugere que o poder se perpetua por meio da produção de saberes que naturalizam e legitimam as desigualdades e as formas de dominação. A educação, em sua forma mais tradicional, muitas vezes opera como uma instituição de reprodução das normas e dos saberes que mantêm o status quo. Entretanto, quando a educação é concebida como um espaço de questionamento e crítica, ela pode tornar-se uma prática de liberdade.

A educação crítica, conforme articulada por teóricos como Paulo Freire, promove a conscientização dos sujeitos sobre as estruturas opressivas que moldam suas vidas. Freire, em sua obra *Pedagogia do Oprimido* (Editora Paz e Terra, 2020), propõe um modelo de educação dialógica, no qual os educandos não são meros receptores passivos de conhecimento, mas agentes ativos no processo de construção do saber. Esse modelo, profundamente alinhado à noção foucaultiana de práticas de liberdade, permite que os sujeitos adquiram a capacidade de refletir criticamente sobre suas condições de existência e, assim, resistam às formas de poder que tentam subjugá-los.

A educação crítica não se limita a desvelar as estruturas de poder, mas também a criar novos horizontes de possibilidade. Ao questionar as "verdades" estabelecidas, os sujeitos podem abrir-se para diferentes perspectivas, desconstruindo as narrativas que os limitam e explorando novas formas de subjetividade. Isso se traduz em uma prática política de resistência, na qual o conhecimento não é apenas uma ferramenta de dominação, mas também de emancipação. Como sugere Foucault, o saber pode ser uma arma tanto do poder quanto da liberdade, dependendo de como é utilizado.

## 7.8.3. Autoanálise: a desconstrução do inconsciente social

Outra prática essencial na busca pela autonomia é a autoanálise, que implica um exame rigoroso das formas como as normas e expectativas sociais se inscrevem no inconsciente. Sigmund Freud, ao desenvolver a psicanálise, revela como os processos inconscientes moldam a subjetividade, influenciando profundamente os pensamentos, comportamentos e desejos do sujeito. Lacan, ao retomar e expandir a teoria freudiana, enfatiza que o inconsciente é estruturado como uma linguagem e que, portanto, o sujeito é constituído por meio dos discursos que o cercam.

Foucault, embora crítico de alguns aspectos da psicanálise, reconhece a importância de compreender como as normas sociais e os dispositivos de poder se inscrevem no inconsciente. Em *Vigiar e Punir*, ele demonstra como as instituições disciplinares – como a escola, o hospital e a prisão – atuam não apenas sobre o corpo do sujeito, mas também sobre sua mente, moldando suas percepções, desejos e comportamentos de maneira sutil e eficaz. A autoanálise, nesse sentido, é uma prática de liberdade que permite ao sujeito desconstruir essas influências inconscientes e recuperar sua capacidade de agir de forma autônoma.

A autoanálise não é, contudo, uma prática solitária. Ela envolve o diálogo constante com o outro, seja no contexto terapêutico ou em espaços de reflexão coletiva, onde os sujeitos podem compartilhar suas experiências e desenvolver uma compreensão mais profunda de como o poder opera em suas vidas. Como sugere Foucault em *A História da Sexualidade*, o poder não é algo que está apenas "do lado de fora", mas algo que internalizamos e reproduzimos em nossas próprias práticas e discursos. A autoanálise, portanto, é uma ferramenta que nos permite identificar e resistir a essas formas sutis de dominação.

## 7.8.4. Ativismo político: autonomia coletiva e redes sociais

O ativismo político, especialmente nas redes sociais, representa outra dimensão crucial na luta pela autonomia. A ação política coletiva é fundamental para desafiar as estruturas de poder que perpetuam a opressão e a exploração. Foucault, ao estudar os movimentos sociais e as formas de resistência popular, argumenta que o poder nunca é absoluto e que sempre há espaços para a contestação e a subversão. O ativismo político, nesse contexto, é uma prática de liberdade que visa transformar as condições sociais e políticas que limitam a autonomia dos indivíduos.

As redes sociais, em particular, oferecem novas possibilidades para o ativismo, permitindo que as vozes marginalizadas se unam e articulem suas demandas de maneira mais eficaz. Embora as redes sociais estejam longe de serem um espaço neutro – estando, de fato, profundamente imbricadas em lógicas capitalistas de vigilância e controle –, elas também oferecem uma plataforma na qual novos discursos podem emergir e a resistência pode ser organizada. Como sugere Manuel Castells em *Redes de Indignação e Esperança* (Editora Zahar, 2013), as redes sociais têm o potencial de criar formas de solidariedade e de ação política, que transcendem as barreiras geográficas e institucionais.

O ativismo político não precisa ser heroico ou grandioso. Muitas vezes, são as pequenas ações cotidianas, os gestos de solidariedade e as vozes coletivas que têm o maior impacto. Ao se organizar em torno de questões sociais e políticas – seja em protestos de rua ou em campanhas digitais –, os indivíduos podem desafiar as estruturas de poder e exigir mudanças significativas. Foucault, ao discutir a "microfísica do poder", sublinha que o poder opera em todos os níveis da vida social e, portanto, a resistência também deve ser multidimensional, ocorrendo tanto nas esferas mais amplas quanto nas mais íntimas.

## 7.8.5. Autonomia como processo histórico e político

A autonomia, como Foucault e outros pensadores críticos sugerem, é um processo profundamente histórico e político. Ela não pode ser reduzida a um estado interior de independência ou a uma simples capacidade individual de tomar decisões. Ao contrário, a autonomia é uma prática que só pode ser compreendida no contexto das relações de poder que moldam a vida social. As formas de dominação que limitam a autonomia – sejam elas econômicas, políticas, culturais ou psíquicas – estão enraizadas em processos históricos que precisam ser compreendidos e transformados.

A luta pela autonomia, portanto, não é apenas uma questão de libertação pessoal, mas de transformação coletiva das condições sociais que perpetuam a desigualdade e a opressão. Como sugere Judith Butler em **Corpos que Importam: Sobre os Limites Discursivos do Sexo**, publicado pela N-1 Edições em 2019, a autonomia é sempre relacional, no sentido de que nossas ações e identidades estão profundamente entrelaçadas com as estruturas sociais que nos cercam. Para conquistar a autonomia, é necessário não apenas resistir às normas que nos moldam, mas também criar formas de vida e de convivência que promovam a igualdade e a justiça.

### 7.8.6. A autonomia como prática coletiva e contínua

Em conclusão, a autonomia não é um dado adquirido, mas um processo que exige esforço contínuo, crítica das condições que nos cercam e um engajamento ativo com as práticas de liberdade. Essa busca pela autonomia envolve, como vimos, a educação crítica, a autoanálise e o ativismo político, práticas que nos permitem resistir ao poder e criar novas formas de subjetividade. A autonomia é, portanto, uma prática coletiva, que só pode ser alcançada por meio da transformação das condições sociais que limitam a liberdade dos sujeitos. Como Foucault sugere, a liberdade não é algo que possuímos, mas algo que fazemos – uma prática constante de resistência, criação e reinvenção.

No entanto, a busca pela autonomia não é isenta de desafios. As práticas de resistência muitas vezes encontram barreiras significativas, não apenas externas, mas também internas. O medo da rejeição, a ansiedade em relação ao que a sociedade espera de nós e a pressão para conformar-se às normas podem atuar como poderosas forças inibidoras. Essas barreiras internas, frequentemente exacerbadas pela cultura da produtividade e pela competição social, são aspectos que também precisam ser abordados para que a autonomia possa ser plenamente realizada.

Para superar essas barreiras, é crucial desenvolver uma mentalidade de coragem e resiliência. A coragem de questionar as normas, de falhar e aprender com a experiência, de se posicionar contra o que é injusto. A resiliência permite que os indivíduos se recuperem das desilusões e das dificuldades encontradas ao longo do caminho. Esse processo de se tornar mais autônomo e livre, portanto, é um exercício de contínua transformação pessoal e coletiva.

## 7.9. Liberdade e comunidade: um novo paradigma social

A liberdade individual não deve ser entendida como uma meta isolada. A verdadeira liberdade é sempre coletiva; ela se realiza na interdependência entre os indivíduos que se organizam em torno de objetivos comuns. Isso implica a construção de uma nova visão de comunidade, na qual a autonomia de cada um é respeitada e fomentada e o suporte mútuo é a norma.

Foucault enfatiza que o exercício da liberdade está intrinsicamente ligado à capacidade de criar laços sociais que não sejam baseados em hierarquias rígidas, mas em relações de colaboração e solidariedade. A construção de uma comunidade assim exige uma reavaliação das formas como interagimos uns com os outros e das expectativas que temos em relação à vida social. Em vez de competir por *status* e reconhecimento, devemos buscar criar espaços em que a colaboração, o diálogo e o respeito mútuo prevaleçam.

Essas novas formas de organização social podem ser vistas em diversas iniciativas contemporâneas, como movimentos sociais, coletivos de base, redes de economia solidária e comunidades alternativas. Nesses contextos, a liberdade é vivida como um projeto coletivo, em que os indivíduos se unem para buscar alternativas às estruturas opressoras que predominam na sociedade. Isso não é apenas uma luta contra o poder, mas uma construção ativa de novos modos de vida que priorizam a dignidade humana, a justiça social e a sustentabilidade.

Além disso, o conceito de comunidade deve se expandir para incluir a diversidade e a pluralidade. A liberdade de um indivíduo não pode ser alcançada à custa da opressão de outro. Isso exige um compromisso com a inclusão e a justiça social, reconhecendo as diversas identidades e experiências que compõem o tecido social. Essa inclusão deve se manifestar em todos os níveis, desde a política até a economia, criando espaços onde todas as vozes possam ser ouvidas e respeitadas.

## 7.10. Reimaginar o futuro: visões de liberdade e possibilidade

À medida que nos movemos em direção a um futuro incerto, a necessidade de reimaginar a liberdade torna-se ainda mais urgente. O mundo enfrenta desafios sem precedentes, desde as crises climáticas até a desigualdade social exacerbada pelas tecnologias digitais. Nesse cenário, as visões de liberdade e autonomia precisam ser ampliadas e adaptadas, levando em conta as complexidades do mundo contemporâneo.

A reimaginação da liberdade deve considerar, em primeiro lugar, a interconexão entre todos os seres vivos e o planeta. As lutas por liberdade não podem mais ser vistas como desconectadas das questões ambientais. A saúde do planeta e a saúde dos indivíduos estão intrinsecamente ligadas. Nesse sentido, a luta por justiça social deve incluir a luta por justiça ambiental, reconhecendo que a degradação ambiental afeta desproporcionalmente os mais vulneráveis.

Esse reconhecimento exige que reimaginemos as estruturas de poder que governam nossas vidas. Precisamos questionar os sistemas econômicos que priorizam o lucro sobre o bem-estar humano e ambiental. A economia deve ser vista não apenas como uma questão de crescimento, mas como uma maneira de sustentar vidas dignas e saudáveis. Isso pode envolver a adoção de modelos econômicos alternativos que promovam a equidade, a sustentabilidade e o bem-estar coletivo.

Além disso, a reimaginação do futuro deve incluir uma crítica profunda das tecnologias que moldam nossa vida cotidiana. As tecnologias digitais, enquanto oferecem novas oportunidades de conectividade e expressão, também podem perpetuar formas de controle e opressão. A liberdade tecnológica deve ser uma prioridade, na qual as inovações são utilizadas para empoderar os indivíduos e as comunidades, e não para explorá-los.

## 7.11. O ego integra o eco

A reimaginação da liberdade sugere um avanço da ideia de autonomia que vai além das noções tradicionais de libertação individual e passa a englobar uma dimensão ecossistêmica e coletiva. Nesse contexto, uma análise que articule as teorias de Freud, Lacan, Foucault e Camus oferece uma perspectiva profunda sobre a relação entre o comportamento ecossistêmico e o ego, ampliando a compreensão sobre o que significa ser livre em um mundo interconectado e em constante crise.

### 7.11.1. Freud e o ego ecológico

Sigmund Freud, em sua teoria psicanalítica, vê o ego como uma instância mediadora entre o id (os desejos inconscientes) e o superego (as imposições sociais), que regula as tensões internas e externas do indivíduo. Se pensarmos na natureza como parte dessa equação, o ego poderia ser visto como o campo em que a luta entre as necessidades individuais e o cuidado com o meio ambiente se desenrola. O ego, portanto, pode tanto buscar a satisfação dos impulsos imediatos, típicos de uma sociedade capitalista e consumista, quanto resistir a eles, em nome de uma responsabilidade ecológica mais ampla.

Freud aponta que o ego é propenso à repressão dos instintos, e é essa repressão que forma a base da civilização. Entretanto, no contexto de uma crise climática global, a repressão excessiva das necessidades ecológicas pode levar a um retorno desses "instintos ecológicos" de maneira destrutiva. A destruição do meio ambiente, então, poderia ser entendida como uma expressão dos desejos reprimidos de exploração e controle sobre a natureza. Essa destruição, no entanto, gera um sentimento de desamparo psíquico, similar ao desamparo original do ser humano que Freud descreve, no qual o sujeito precisa se reconciliar com o fato de que não tem controle total sobre o ambiente ao seu redor.

## 7.11.2. Lacan e o simbólico ecossistêmico

Jacques Lacan leva a discussão do ego para outro patamar ao introduzir a noção de que o inconsciente é estruturado como uma linguagem. O "Outro" lacaniano, que representa a alteridade e as normas que nos regulam, pode ser estendido para incluir o próprio planeta e o ecossistema. Lacan sugere que a linguagem e as estruturas simbólicas nas quais estamos inseridos determinam a forma como percebemos a realidade. Se pensarmos em termos ecológicos, as narrativas de crescimento ilimitado e exploração do ambiente são discursos simbólicos que moldam a maneira como os sujeitos interagem com a natureza. A crise ambiental contemporânea, nesse sentido, é também uma crise simbólica, que reflete um discurso falho sobre o lugar do ser humano na Terra.

Para Lacan, o desejo é sempre o desejo do Outro, e em uma perspectiva ecológica, isso pode ser interpretado como o desejo de dominar a natureza, de explorar seus recursos infinitamente. Contudo, à medida que a crise ambiental avança, o "Outro" ecológico começa a impor suas próprias demandas, forçando o sujeito a repensar seu desejo de controle. O sujeito lacaniano, portanto, precisa reconhecer que o meio ambiente não é apenas um objeto de exploração, mas um interlocutor com o qual precisa negociar. Essa negociação simbólica é crucial para a reimaginação da liberdade em um contexto ecológico, no qual o ego deve aprender a coexistir com os limites impostos pela natureza.

### 7.11.3. Foucault e as práticas de liberdade

Michel Foucault, por sua vez, amplia a noção de autonomia ao focar nas "práticas de liberdade". Para Foucault, a liberdade não é um estado, mas uma prática, que se dá na resistência às formas de poder que nos moldam. Se aplicarmos esse conceito ao campo ecológico, podemos dizer que a luta pela liberdade envolve a resistência às formas de poder que promovem a exploração desenfreada dos recursos naturais.

Foucault argumenta que o poder não é simplesmente opressor, mas produtivo – ele molda subjetividades e cria realidades. O sujeito, nesse contexto, está sempre sendo formado pelas estruturas sociais e econômicas nas quais está inserido, inclusive aquelas que incentivam o consumo desenfreado e a destruição ambiental.

A prática de liberdade, então, envolve não apenas a resistência ao poder capitalista que transforma o ambiente em mercadoria, mas também a criação de novas formas de vida que valorizem a sustentabilidade e a interdependência. As "práticas de liberdade" de Foucault podem ser interpretadas como movimentos de resistência ecológica, que buscam subverter as normas econômicas e políticas que perpetuam a degradação ambiental. Isso inclui o ativismo ambiental, que desafia as formas de poder instituídas e busca reimaginar a relação entre o ser humano e a natureza de maneira mais equilibrada e sustentável.

### 7.11.4. Camus e o absurdo ecológico

Albert Camus, em sua filosofia do absurdo, oferece uma visão profundamente pessimista, mas também libertadora, sobre a condição humana. Para Camus, a vida é inerentemente absurda, pois o ser humano busca sentido em um universo que não tem sentido intrínseco. A crise ecológica, dentro dessa ótica, poderia ser vista como uma manifestação do absurdo – um mundo onde os seres humanos, em busca de progresso e desenvolvimento, acabam destruindo o próprio ambiente do qual dependem para sobreviver.

Entretanto, Camus também sugere que, diante do absurdo, o ser humano tem a possibilidade de revolta. Revoltar-se contra o absurdo da destruição ecológica é, portanto, uma forma de afirmar a vida, mesmo quando as condições parecem insuportáveis. Camus defende a ideia de que, apesar da ausência de um sentido último, o ser humano pode criar significado por meio de suas ações. A reimaginação da liberdade, em um mundo marcado pela destruição ecológica, requer exatamente essa revolta. É a capacidade de agir em um mundo sem garantias, de lutar por justiça ambiental mesmo quando as perspectivas parecem sombrias, que define a ética do absurdo camusiano aplicada à ecologia.

### 7.11.5. Integração dos conceitos: o ego e o comportamento ecossistêmico

Ao integrar essas visões – o ego freudiano, o simbólico lacaniano, as práticas de liberdade foucaultianas e a revolta camusiana –, podemos traçar uma análise densa sobre a relação entre o comportamento ecossistêmico e o ego. O comportamento ecossistêmico, nesse sentido, é uma forma de reimaginar o papel do ego não apenas como uma instância individual, mas como um agente dentro de um sistema interconectado. O ego que se recusa a reconhecer sua interdependência com o ambiente está condenado a um ciclo de destruição e alienação, tanto psíquica quanto ecológica.

Freud nos ajuda a entender que o ego reprime os desejos destrutivos em nome da civilização, mas essa repressão pode ter consequências devastadoras quando aplicada ao meio ambiente. Lacan acrescenta que a linguagem e o simbólico moldam nossas relações com a natureza, e é necessário repensar o discurso do crescimento ilimitado. Foucault nos fornece as ferramentas para resistir às formas de poder que perpetuam a degradação ambiental, e Camus nos inspira a revoltar-nos contra a destruição, mesmo quando a situação parece desesperadora.

A solução, então, para a crise ecológica e psíquica do sujeito contemporâneo, reside na reestruturação do ego em termos ecossistêmicos. O sujeito deve abandonar a ilusão de controle total sobre a natureza e reconhecer sua interdependência com o ambiente. Isso não significa uma renúncia à autonomia, mas uma expansão dela – uma autonomia que leva em consideração não apenas o bem-estar individual, mas o bem-estar coletivo e planetário. Assim como Freud vê o ego como um mediador entre o id e o superego, o comportamento ecossistêmico pode ser visto como uma mediação entre os impulsos destrutivos do ser humano e a necessidade de preservar o ambiente para as gerações futuras.

### 7.11.6. A Crise do eco é a crise do ego

A reimaginação da liberdade, portanto, envolve uma profunda transformação das estruturas psíquicas e sociais que moldam o sujeito contemporâneo. A crise ambiental é também uma crise do ego, que precisa ser reconfigurado para reconhecer sua interdependência com o mundo natural. Freud, Lacan, Foucault e Camus nos oferecem ferramentas teóricas para compreender essa transformação, e nos desafiam a resistir ao poder destrutivo que ameaça o planeta. A liberdade, nesse novo paradigma, não é apenas individual, mas coletiva, e só pode ser alcançada por meio de práticas que valorizem a sustentabilidade, a justiça social e a interconexão entre todos os seres vivos.

### 7.12. Conclusão: para além do espelho, a liberdade

À medida que chegamos ao final desta jornada pela exploração das neuroses modernas e das formas de resistência, é fundamental reafirmar que a liberdade não é um destino, mas um processo contínuo de descoberta e reinvenção. O espelho que reflete nossa identidade é, em muitos aspectos, uma construção social que pode ser desconstruída e recriada. O verdadeiro desafio reside na coragem de olhar para o espelho e perceber que ele não reflete apenas quem somos, mas também quem podemos nos tornar.

A liberdade, portanto, não é uma conquista isolada, mas uma prática coletiva que se manifesta em nossas interações, em nossas lutas e em nossas comunidades. A busca pela autonomia deve ser sustentada por uma crítica constante das estruturas de poder que moldam nossas vidas, e essa crítica deve se transformar em ação. A liberdade é um exercício diário, uma escolha consciente de resistir às imposições que nos cercam e de criar novas formas de ser.

Em última análise, a verdadeira liberdade se revela na capacidade de nos conectarmos com os outros de maneira autêntica e significativa. A construção de comunidades que valorizam a diversidade, a inclusão e a solidariedade é o caminho para um futuro em que a liberdade se torna uma realidade para todos. Esse futuro depende de nossa disposição para questionar, resistir e reinventar, para além do espelho e das neuroses que nos aprisionam.

Assim, ao nos depararmos com as complexidades do século XXI, somos convidados a embarcar em uma jornada de transformação, na qual a liberdade não é apenas um ideal, mas uma prática diária. É uma chamada à ação, uma convocação para sonhar e construir juntos um mundo onde todos possam ser verdadeiramente livres. Esse é o desafio que nos espera – e a liberdade, no final das contas, é uma promessa que vale a pena perseguir.